エッチ

なかよし

LOVE GUIDE FOR MEN & WOMEN

Hランド

LOVECATION

はじめに

誰かのことを好きになったら、相手のことを抱きしめたい、ひとつになりたい…そう思うのは当然のこと。そして、そんなふたりをつなぐとっても大切で素敵なこと、それがエッチです。とはいえ、カレのことも、彼女のことも、知ってるようで知らないことがいっぱいあったり、エッチについては、不安や戸惑いが多いのも事実では？

そこで、ふたりがお互いのことをもっと理解できるように、お互いにもっと感じ合えるように、そして、ふたりのエッチがさらにバージョンアップできるように！――そう考えてオープンしたのが本書、“Hランド”です。

Hランドは、6つのランドからできていて、それぞれのランドにテーマがあります（左ページ参照）。まずは興味のあるランドから、ぜひ訪れてみてください。“LOVECATION”――ふたりの距離がもっと近くなり、より素敵なエッチを楽しめるように、本書がそのためのヒントとなってくれれば、最高にうれしく思います。

Welcome to H-LAND!

園内ガイドマップ

カラダランド お互いの「しくみ」がわかる――入門ランド
ふたりのカラダや、気持ちいいところ、知っておきたい「しくみ」がわかります。

タッチランド ふれあいから高まる!――プロローグランド
キス&タッチからシックスナインまで、ふたりで触れ合い、感じ合うために!

カタチランド 一緒に『IKU』――愛のカタチランド
感じ合うためのカタチ、体位について。一緒にIKUためのヒントがいっぱい。

ホンネランド 男と女の『ホンネ』がわかる――おしゃべりランド
エッチに関する素朴な疑問やちょっとした不安に、ホンネで答えるQ&A。

ワクワクランド いつもと違うHがわかる――上級ランド
ちょっとしたテクニックがエッチをもっと刺激的に変える。エッチの上級レシピ満載!

健康ランド 正しく知っておく――病気と予防のランド
避妊や性感染症の知識。セイフティセックスのためにきちんと知っておきたいこと。

なかよし H《エッチ》ランド
LOVE GUIDE FOR MEN & WOMEN

CONTENTS

I

カラダランド

お互いの「しくみ」がわかる——入門ランド

ふたりのカラダについて、気持ちいいところについて、きちんと知れば、もっと相手にやさしく素敵なエッチができる。

ふたりのカラダ、もっと知ろう!

1

自分の性器や相手の性器について、相手の感じるところについて、どれだけ知っている? 思い込みを捨てて、きちんと知っておこう。

もっともっと気持ちよく感じ合うための第一歩!

「女のコのカラダって、なんて柔らかいんだろう」とか「カレの背中って、思ってたよりずっと大きい」とか…、エッチをすることって、相手のことを少しずつ知っていくこと。そんなちょっとした発見が、うれしかったり、新鮮だったりするものです。そうやって相手を知るほど、一つひとつに愛おしさが増すほど、エッチは素敵になっていくものです。

　ただ、ベッドの上でそんなふうに知っていくのもいいけれど、お互いのカラダについては、やっぱり最初にきちんと知っておきたいもの。たとえば、いくら大好きだって、いきなりおっぱいをギュッと捉まれたら痛いだけ…というように、ちょっとしたことを知らないばかりに、せっかくのエッチが台無しにもなりかねない。性器ってどうなってて、エッチのときはどうなるの? どこをどうしたら気持ちイイの? 感じるっていったいどんなふう? 知っておきたいことはいっぱいあるし、知ってる分だけ、相手にも優しくなれる。きっとふたりのエッチを、もっともっと気持ちよくしてくれるはず。

CHECK TEST for MEN

女性器について、知ってる?

- □Q1 おしっこの出る穴、膣口、肛門、それぞれの位置関係は?
- □Q2 アソコの周りのビラビラはなんて言う? その色や形は?
- □Q3 女性器の中でも一番敏感で、男性のペニスに相当する部分は?
- □Q4 膣とは? 性的に興奮すると膣の中はどうなる?
- □Q5 処女膜とはどんなもの? 一枚の膜?
- □Q6 子宮の位置を、どこだか指摘できる?
- □Q7 濡れるってどういう現象のこと?
- □Q8 アソコの色は、セックスの回数を重ねるほど黒ずんでくる?

答:P.14〜20

CHECK TEST for WOMEN

男性器について、知ってる？

- □Q1 ペニスが勃起するとは？　どういうしくみでそうなる？
- □Q2 精液はどこから射精される？
- □Q3 射精の前に尿口から出る透明な液は何？　その役割は？
- □Q4 陰のうにも伸縮性があり、広がったり、縮んだりする？
- □Q5 亀頭、カリ、裏筋というのはどの部分を指すかわかる？
- □Q6 包茎、仮性包茎とは？　それは病気？
- □Q7 会陰、蟻の門渡りとはどこの部分を指すかわかる？
- □Q8 ペニスはセックスの経験を重ねるほど黒光りしてくる？

答：P.21〜25

女のコのしくみ

女性器のしくみ

女性器はどんなふうにでき上がっているのか、案外よく知らない人も多いようです。大切なところ、しっかり理解しておきましょう。

案外あいまいな女性器のこときちんと知っておこう

女性の性器は、外側から見える外陰部と、カラダの中に収まった内性器から成り立っています。内性器はもちろん、外陰部も、ふだんは陰毛やひだに覆われて外からは見えない部分が多いため、女のコ本人でも、意外とどうなっているか正確にわからないこともあるようです。しっかり知っておきましょう。また、女性器のカタチは、人によって顔が違うようにそれぞれが個性的。いたずらに先入観を持つことなく、それぞれの個性を大切に受け止めましょう。

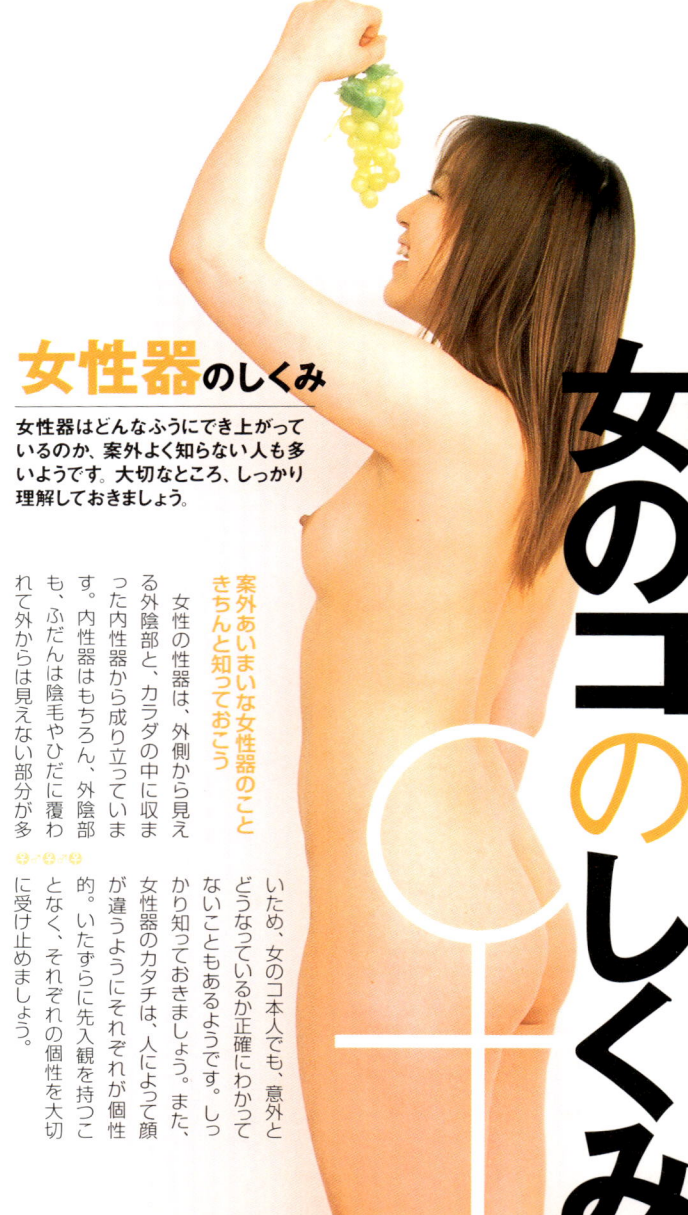

[大図解！女性器のしくみ]

外側から見ると…

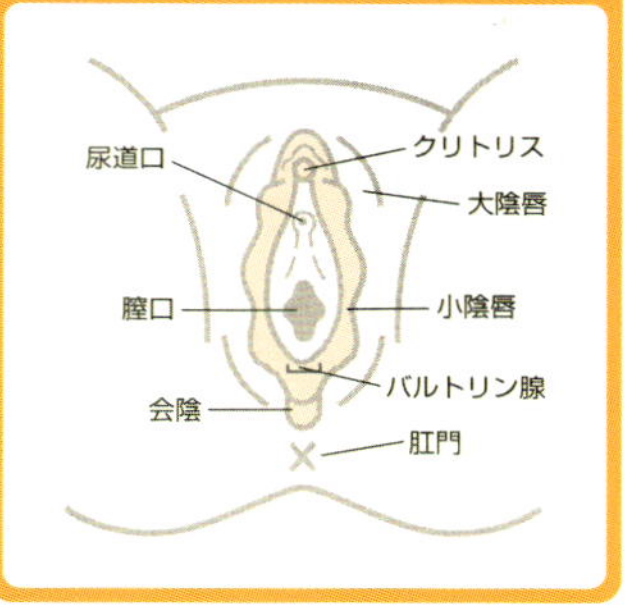
尿道口
クリトリス
大陰唇
膣口
小陰唇
バルトリン腺
会陰
肛門

（ クリトリス ）

性器入口の上部に小陰唇に隠れるようにポツンとついている突起。発生学的には男性のペニスにあたり、神経終末が集まった女性のからだの中でもっとも感じやすい部分。普段は包皮に包まれているが、性的に興奮すると充血して勃起する。大きさはとても小さなものから、小指の先くらいまで、人それぞれ。愛撫などの刺激によって、快感を与えることができる。

（ 大陰唇 (だいいんしん) ）

女性器を包む、一番外側にある肉ひだで、肛門近くまでを覆っている脂肪の多いふっくらした部分。男性器の陰のうに相当し、性交時にはクッションの役目も果たす。

（ 小陰唇 (しょういんしん) ）

大陰唇の内側にある対になった2枚のひだ。ビラビラ。弾力性と伸縮性に優れ、膣内に雑菌などが進入しないようフタの役割も果たしている。性的な興奮で充血し、徐々に開く。大きさや形、色は人によってさまざまだが、セックスの回数とは無関係。成長するに従い、色が濃くなり、大陰唇から飛び出したようになる。

（ 尿道口 (にょうどうこう) ）

クリトリスと膣口の間にある、おしっこの出る穴。

（ 膣口 (ちつこう) ）

セックスのときペニスを迎え入れ、出産のときは産道になる膣の出入り口。生理のときは経血の出口。

（ 会陰 (えいん) ）

別名蟻の門渡り(ありのとわたり)。陰唇の下端と肛門との間の部分。

（ 肛門 (こうもん) ）

いうまでもなく大便排泄用の部位。ただ、肛門は男女ともに性感帯の一部で、舌や指先によるソフトな愛撫で快感を得られることが多い。

内性器のしくみは…

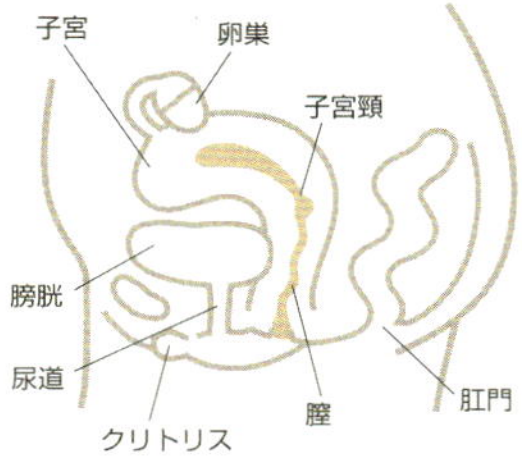
子宮
卵巣
子宮頸
膀胱
尿道
クリトリス
膣
肛門

膣（ちつ）

セックスのとき、ペニスを受け入れる場所。子宮へとつながっている長さ7〜12cmの管で、普段は膣壁がくっついたぺちゃんこの状態。出産時には赤ちゃんの頭を通せるくらいに伸縮性を持つ。内部は湿った粘液とひだで覆われている。膣口付近は神経終末が集まり感じやすいほか、膣壁上部にはGスポットと呼ばれる場所があり、ここを刺激することで深い快感を得られることも（P31参照）。

子宮（しきゅう）

胎児が育つ部屋で、長さ8〜9cm、厚さ1〜3cmの筋肉でできた袋状の臓器。通常は小さな握りこぶし大。一番内側の壁は子宮内膜と呼ばれ、経血はこの内膜が厚くなり、はがれ落ちたもの。

子宮頸（しきゅうけい）

膣の一番奥にある子宮の入口。ペニスを深く挿入したときに、ここを圧迫されたり子宮を揺さぶられたりして、快感を感じる人もいる。

卵巣

子宮の左右に卵管でつながった、うずらの卵大の一対の性器官。左右どちらかから月に1度卵子を放出、受精を待つことを排卵という。

卵管

卵巣から生み出された卵子を子宮へと運び込む管。卵管の途中に精子と卵子が出会う場所があり、「受精卵」となった卵子が子宮の内壁に着床すると妊娠となる。

環状処女膜
垂直状処女膜
ふるい状処女膜
分離中隔処女膜
閉鎖処女膜

処女膜って、どんなもの？

処女膜とは、膣口のまわりにある、伸縮性のある粘膜のひだのこと。膜というと、膣口を塞ぐ一枚のフタのようなものを連想しがちですが、ふつう中央に小さな穴が開いています。この穴の形や大きさ、膜の厚さや弾力性は人によっていろいろ。処女膜は初めての性交で破れ、出血すると言われてますが、性交しても、伸び広がるだけで破れず、出血しないことも。また性交の経験後も、完全に無くなってしまうわけではありません。

おっぱいのしくみ

ふっくら膨らんだ乳房とその真ん中でツンととがった乳首や乳輪。おっぱいはカラダの中でももっとも女のコらしい部分かもしれません。

ふっくら魅力的な乳房ととっても敏感な乳首

ふっくら丸いふくらみと、やわらかい感触を持つおっぱいは、まさに女のコならでは。男性にとっては、最もセックス・アピールを感じる部分のひとつといっていいところです。実際、そこは、やさしく触られたり、愛撫されたりすることで感じ合える、敏感な性感帯でもあります。

構造的には乳房の9割は脂肪で、残りが母乳を生み出す乳腺。乳房自体は脂肪に覆われているためそれほど感じないけど、乳房の中でも乳首は特別。パチニ小体と呼ばれる敏感な感覚受容器や末梢神経が集中し、“上半身のクリトリス”とも呼ばれるくらいとても敏感な部分。丁寧に愛撫してあげましょう。

乳房と乳首の構造は…

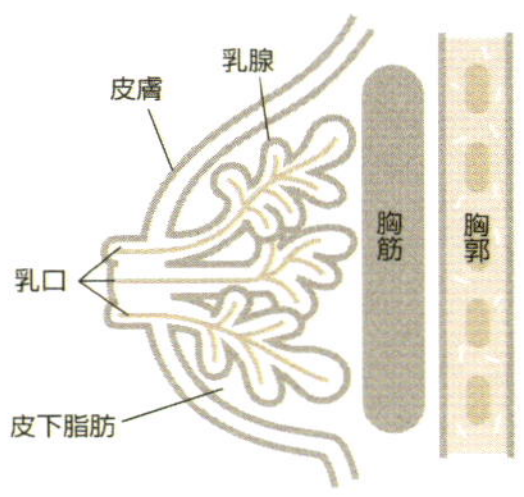

乳房（ちぶさ）

解剖学的にみると乳房は脂肪のかたまり。90％が脂肪で、残りの10％が母乳を生み出す乳腺と平滑筋。この乳腺から出ている乳管は乳首につながっている。乳房の大きさは乳腺を保護する皮下脂肪の量で決まる。感度はそれほど高くないが、やさしく愛撫されることで、心理的な興奮を感受しやすいところ。

乳首（ちくび）

下半身のクリトリスと並ぶ強烈な性感受容器といってもいい。性的な興奮を受けると、充血してツンと勃起する。乳首から乳輪にかけては性筋と呼ばれる平滑筋で取り巻かれ、感覚受容器や末梢神経が集中している。特にパチニ小体と呼ばれる受容体が多いが、これは外陰部やクリトリスにも多く分布し、快感を感じさせる脳につながっている。

乳輪（にゅうりん）

乳首の外側の乳首と同じ色をした同心円状の部分。性的な刺激を受けると、収縮して細かなしわができ、さらに感じやすくなる。乳首と共に盛り上がる人も。

バストの形あれこれ

バストの大きさや形も人それぞれ。乳房の形状一つとっても、お椀型、ロケット型、上向き型、下向き型…とさまざま。乳首や乳輪の大きさや形状もさまざまで、小粒だったり大きめだったり、平らだったり長めだったり。色合いもピンクに近い人もいれば、ちょっと黒っぽい人といろいろ。形については、好みもあると思うけど、鎖骨の中心部と両方の乳首を結んだとき、正三角形になるのが理想形とも。ちなみに乳房の形を保つのは胸筋の役割。腕立て伏せや背筋を伸ばす運動が、きれいなバストを保つためには効果的だとか。

乳房の性反応って？

性的な興奮状態の推移にともなって、乳首はもちろん乳房全体も反応して膨らみを増す。まず乳首は、性的な刺激を受けると充血して勃起するが、さらにオーガズム期に向かっては、乳房全体が膨隆し、乳輪も少し大きくなって盛り上がるなどの反応が見られることが多い。

濡れるってこと

エッチな気分になって感じるほどに“濡れて”いく女性器。でも、そもそも濡れるってどういうこと？ どんな役目を果たしているの？

カラダグランド

性的な興奮を知らせ膣内に滴り落ちる潤滑液

性的な興奮が高まってくると、男性の場合は、性器が勃起します。同様に、女性の場合も女性器がいろいろ変化しますが、中でももっとも象徴的な現象が〝濡れる〟ということ。つまり、愛液によって膣内が充分に潤され、男性器を受け入れやすい状態になっていきます。これは、性的な興奮とともに下半身に血液がドーッと流れ込み、膣のまわりにある毛細血管がその血液を受け入れるために血管壁が開き、そこから血管内の液体成分が滴り落ちてくる。これが〝濡れる〟の正体。かつては膣口の両脇下にあるバルトリン腺から出る腺液が愛液と考えられていましたが、挿入時の潤滑液にしてはあまりに量が少なく、実はこの膣液が愛液のメイン。濡れ方には個人差があり、同じ女のコでも、体調や気分でずいぶん違うから一概にはいえないけど、充分濡れてから、さらに濡らすくらいの気持ちで挿入するようにしたい。

愛液発生のメカニズム

性的に興奮すると、膣粘膜下の毛細血管に多量の血液が流れ込み、毛細血管の浸透性が高まって、血液の液体成分が血管の外に漏れ出してくる。この液体は細胞と細胞のすき間を通り抜け、膣壁から染み出してくる。これが愛液の正体だ。

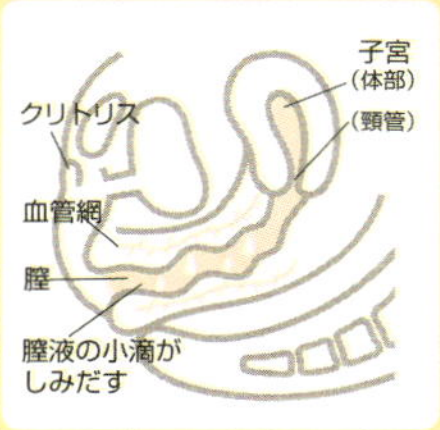

締まるってこと

女性器の具合が語られるとき、必ず出てくるのが“締まる”っていう言葉。ただし、その具合、その気になれば鍛えられるとか?

ペニスをキュッキュッと包む、締まりは鍛えられる!?

　エッチのとき、どんな女性器が気持ちいいか、なんて話をしたときに、男性も女性もけっこう気にしてたりするのが〝締まり具合〟だとか。エッチのときペニスがほどよく締め付けられるのが気持ちいいんだって感覚。でも、女のコが感じてピチャピチャになってるときの、なんとも温かい中で泳いでるような感触も最高に気持ちいいし、締まり至上主義というのは、ちょっとつまらない考えといっていいかも。ただし、締まりを一つの要素として楽しみたいなら、意識して締めることもできるみたい。膣のまわりには、膣と肛門を8の字を描くように結んだ肛門括約筋がある。この括約筋を訓練することで、膣のまわりの収縮力をアップ、〝締まり〟をよくすることができるというわけ。

締まりをよくする!?

　膣口のまわりの筋肉は、肛門の周囲にある筋肉と8の字を描くようにつながっているから、肛門を締めれば、膣のまわりも自然と締まる。したがって、この括約筋を鍛えるには肛門をキュッキュッと締める訓練を繰り返すといい。また、オシッコをしてるときに途中で止めるという訓練も効果的とも。感覚をつかめば、かなり自在に締め付けることが可能となる。

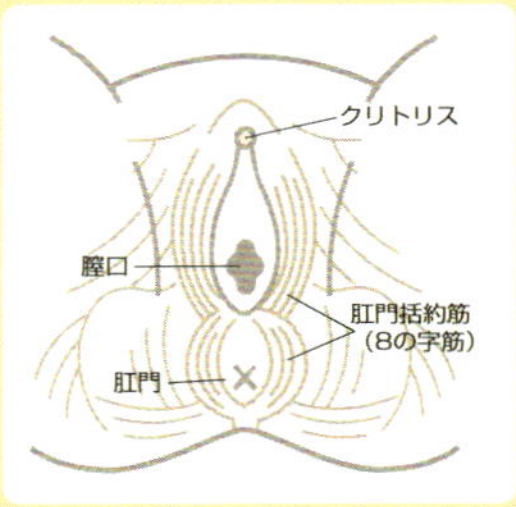

膣をとりまく筋肉

　膣口の周囲をとりまく膣括約筋と、肛門をとりまく肛門括約筋は、会陰部で交差して8の字を描く形で繋がり、連動している。また。この括約筋は大腿筋とも繋がっている。

男のコのしくみ

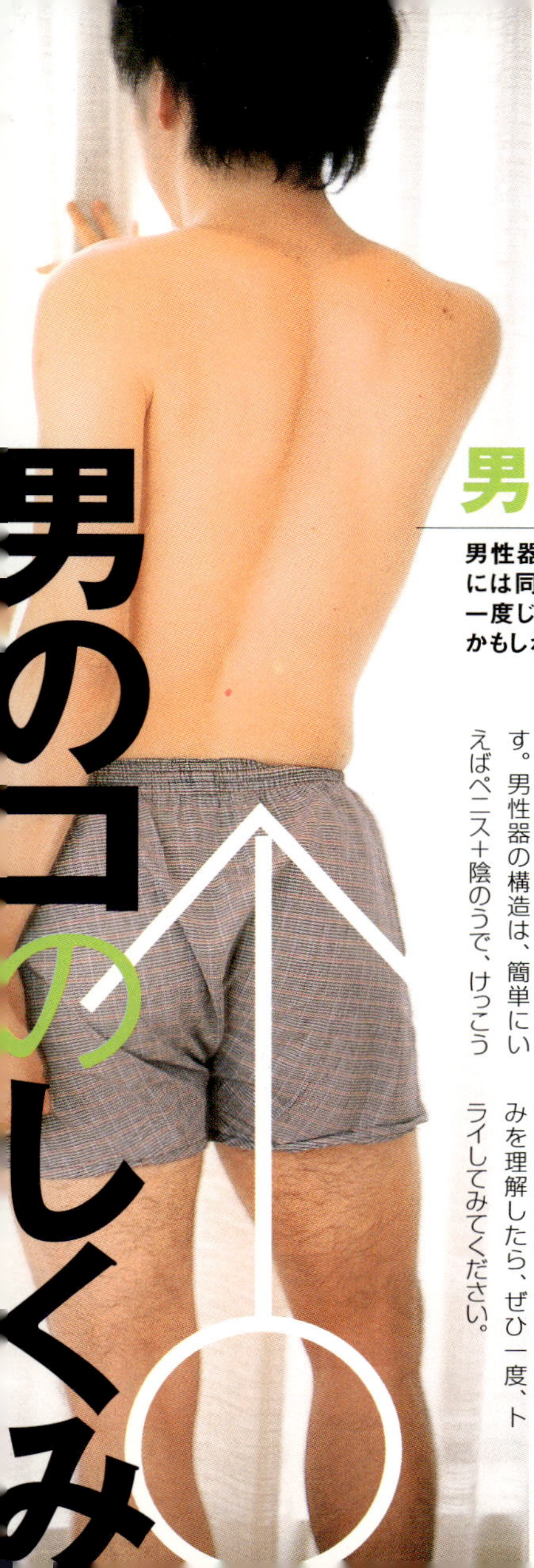

男性器のしくみ

男性器も女性器も、実は発生学的には同じ。どこがどこにあたるのか、一度じっくり見比べてみても面白いかもしれない。

カレのとっても大事な部分見つめたり触ったりしよう！

女のコにとって、最初は男性器を凝視するのってどこか気恥ずかしいもの。でも、カレにとっての大事な部分。慣れてきたら、一度じっくり見つめたり、触ったりしてみることをおすすめします。男性器の構造は、簡単にいえばペニス＋陰のうで、けっこうシンプル。でも、勃起したときの大きさや形や感触、それにどこがどう気持ちいいのか、等々、確かめなきゃわからないこともいっぱい。そんなことを知れば知るほど不思議と愛おしい気持ちになれるし、気持ちいいエッチができるはず。男性器のしくみを理解したら、ぜひ一度、トライしてみてください。

[大図解！男性器のしくみ]

内部のしくみは…

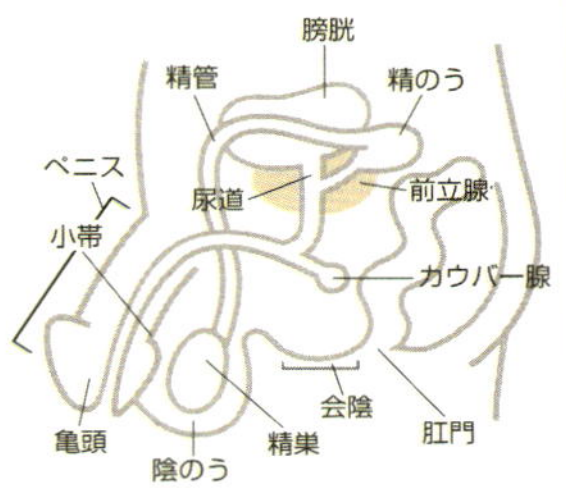
膀胱
精管
精のう
ペニス
尿道
前立腺
小帯
カウパー腺
会陰
肛門
亀頭
精巣
陰のう

(ペニス)

陰茎、あるいはサオとも言われ、男性器の棒（円筒）状の部分。発生学的には、女性のクリトリスにあたる。中は海綿体という組織でできていて、興奮すると血液が流れ込み、固く、大きくなって勃起する。日本人の勃起時の平均サイズは約13cmと言われるが、形や大きさは人それぞれ。

(尿道（にょうどう）)

ペニスの中央を通る管で、尿と精液の通り道。尿は膀胱から、精液は精巣から精管を通じて出て、同じ道を通って尿道口から出される。

(小帯（しょうたい）)

別名ウラスジ。亀頭の裏側の皮膚がちょっとネジれたようになったスジの部分。舌先などで触れられるとかなり感じちゃう敏感な部分。

(肛門（こうもん）)

お尻の穴のまわりも実は神経終末が集まった敏感な性感帯のひとつ。

(亀頭（きとう）)

ペニスの先端部にある、包皮から露出し、少し太くなった、つるつるした部分。勃起時には赤みを増してふくらみ、キノコの頭のような形に。サオ部分との境目の傘のように張った部分は俗に「カリ」と呼ばれる。男性のカラダの中でももっとも敏感な部分。

(包皮（ほうひ）)

ペニスの付け根部分から亀頭までを包み込む皮のこと。幼少時は亀頭全体を隠すように覆っているが、成長に伴って剥け、亀頭が露出する。ふだんは亀頭が隠れ、勃起時に露出する状態は仮性包茎という。

会陰 (えいん)

別名蟻の門渡り(ありのとわたり)ともいわれる、陰のうの裏から肛門にかけての部分。男女どちらにとっても敏感で感じやすいところ。

陰のう (いんのう)

いわゆる睾丸(＝精巣)が左右にひとつずつ入った、しわしわの皮膚の袋。伸縮性があり、暑いときは表面積を広げ、寒ければ縮んで、熱に弱い精巣を適温に保つラジエーターの役割を果たしている。また、射精が近くになった場合も、縮んでカラダ近くに持ち上がっていく。

精巣 (せいそう)

陰のうの中に収まったいわゆるタマタマ(＝睾丸)。楕円形の形状で、左右一対で二つ。精子と男性ホルモンはここで作られる。

精管 (せいかん)

精巣上部にある精巣上体(副睾丸)から尿道までをつなぐ、長さ40cmほどの管。運び上げられた精子は途中にある精管膨大部に貯えられ、射精の瞬間が来るのを待つ。

精のう (せいのう)

精管の末端に連結し、射精時に性漿(せいしょう)と呼ばれる液を分泌する腺。性漿は精子に栄養を与え、活発にさせる役割を持つ液で、精液とは、精子と性漿の混合液。

前立腺 (ぜんりつせん)

膀胱のすぐ前にある、栗のような形をした器官。性漿の一部分を分泌するとともに、精液を尿道に送り出すポンプの役目を果たす。肛門の中から指で刺激すると、反応してペニスが勃起する。

カウパー腺

ここから分泌されるカウパー腺液が、射精前に分泌される無色透明のいわゆる「先走り汁」「ガマン汁」。通常酸性の尿道内を、アルカリ性で中和し、酸性に弱い精子を守る役割を果たしている。

包茎って？

男性器は、成長にともなって包皮が剥け、亀頭が露出するが、成長しても皮をかむったままの状態が包茎。ただし、包皮を引っ張れば剥け、勃起時には亀頭全体が露出するものを仮性包茎、何らかの理由で包皮を引っ張っても亀頭が露出できないものを真性包茎と呼び、区別する。日本人の約7割は仮性包茎と言われ、問題ないが、真性包茎の場合は、手術が必要。また、仮性包茎の場合、包皮と亀頭の間に恥垢(垢のようなもの)が溜まりやすいため、入浴時によく洗うように注意したい。

常に亀頭全体が露出している。(包茎ではナイ)

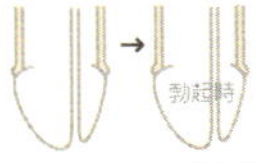

包皮をひっぱると亀頭全体が露出する。(仮性包茎)

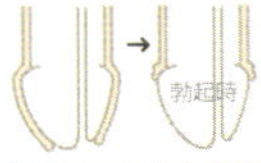

亀頭全体が露出することがない。(真性包茎)

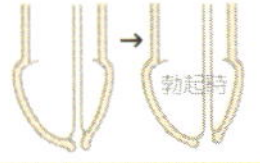

勃起と射精のしくみ

まるで生き物のように大きくなったり、最後は勢いよく精液を放出するペニスの不思議。そのしくみはいったいどうなっている？

ペニスを勃起させる2種類の刺激

ペニスを勃起させる刺激には2種類あります。ひとつは、ペニスなどが刺激され、その刺激が反射的に脊髄にある勃起中枢を興奮させた場合（反射的勃起）、もう一つは、心理的刺激（性的興奮）が脳からの信号となって勃起中枢を興奮させた場合（性的勃起）。いずれの場合も、勃起中枢が刺激されると、ペニスの自律神経に興奮が伝えられ、ペニスの海綿体にふだんのおよそ7倍の血液が一気に流れ込みます。それによって全体が膨張し、硬く、大きくなるのです。個人差はありますが、勃起によってペニスはふだんの約1・5～2倍の長さになります。

勃起のしくみ

通常時のペニスでは海綿体も小さいが、勃起時には一気に血液が流れ込み、海綿体が膨張。同時に静脈の扉は閉まり、血液がどんどんたまり、大きくなる。

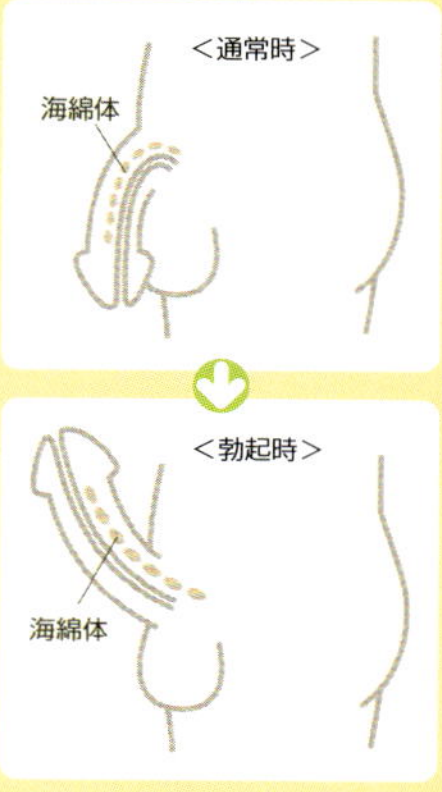

性的刺激がさらに続けば一気に射精に向かう

ペニスが勃起した状態でさらに刺激が加えられ、性的興奮が最高潮へと達することで、外尿道口から精液が射出されること、これが射精。

ペニスが勃起し、興奮がさらに高まると、まずカウパー腺から無色透明の腺液が分泌され、亀頭ににじみ出ます。これは尿道内をアルカリ性に変え、射精の準備を整えます。さらに性的な刺激が続き、興奮が極限まで達すると、射精中枢が精管、精のう、前立腺、尿道など、各生殖器をとりまく筋肉を激しく収縮させ、その圧力によって、精液は脈動するように一気に射出されるのです。そのとき男性はオーガズムを迎え、その後ペニスはもとに戻ります。

ちょっと気になるアソコの形

♂ “ネジレ”が入ってるんだけど!?

男性器も女性器も顔がそれぞれ違うように、個人差があって、人それぞれ。男性器の場合も、大きさや太さはもちろん、色、形、硬さや、さらにはネジレれまで加わって、そのバリエーションは星の数。右曲がりだろうが左曲がりだろうがなんの不思議も不都合もない。

根元が太くてやや先細り型、亀頭が張った先太型、中膨れ型、細長型、ずんぐり極太、血管が浮き上がったごつごつ型、反り返ったもの、弾力のあるもの、ねじれ、黒光り…と、ちょっと考えただけでもいろいろある。

で、女性器はというと、どんなペニスにも合う柔軟性に富んでいる。どんなのがいいか、ではなく、それぞれの特性を最大限に活かしたエッチこそ大切なのだ!

♀ 気になるのはビラビラの具合!?

女のコにとって自分の性器で一番気になる部分ということで、けっこう耳にするのが、ビラビラ=小陰唇の色や形。左右の大きさが違うみたいなんだけど、幅が広い・大きすぎるような気がする、形がヘン、色がピンクじゃない、黒ずんでる…。もちろん、いずれも不思議じゃない。女性器の形状もまったくもって人それぞれだから。それと、色や形と経験の度合いというのも直接的な関係はないので念のため。

ほかにもクリトリスの大きさや状態が気になるなんて声も多いけど、これも同様に千差万別。違いを気にするよりも、自分のことをよく知って、どうすれば気持ちいいかを追及するほうがもちろん正解。気をつけたいのは、いつも清潔にしておきたいということくらいかな。

気持ちいいところ、探そう！

2

気持ちいい場所は、それぞれの性器や乳首ばかりじゃない。性感帯は全身にあるし、素敵に愛し合えれば、どんどんよくなっていく！

まずは肌を寄せ合って触れ合うことが基本

「カレとエッチをしていたら、昨日までなんとも思わなかったところにキスされて、ピクンてすごく感じちゃった」「やさしくやさしく抱きしめられたあとで愛されたら、いつもよりいろんなところがずっと感じるみたい」そんなことって本当にあります。

気持ちいいところというと、すぐに女性器や乳首、あるいは男性器を思い浮かべる人もいるみたいだけど、ちょっと待った。確かにそこは一番敏感な性感帯ですが、気持ちいいところはほかにも体中にあるし、一番敏感なところこそ、一番最後に触ったほうが気持ちいいということもあるのです。ただ、せっかく気持ちいいところも、その気になれなければくすぐったいだけだったり、乱暴に触られたら痛いだけだったり。だから一番いいのは、その気になったら、ふたりで一緒に、そっと気持ちのいいところを探していくこと。肌を寄せ合って、触れ合うことが基本。ドキドキしながらも、優しい気持ちで、相手の反応に心を傾けて。きっとびっくりするくらい、気持ちいいところが増えていくはずです。

どこが性感帯？

「裏側が弱いみたい。肛門とお尻の割れ目から背筋まで、カレに舌でツーって舐めあげられたら、電流が流れたみたいにビリビリきてイッちゃった」……（21歳・OL）

「最近カレも乳首がいいんだってわかった。最初はいやがってたんだけど、いまはペニスをまさぐりながらレロレロしてあげると、すごくよさそう」……（26歳・会社員）

「指や指の間を舐めたり、チュパチュパされるの！　カレの指をしゃぶるのも好き」……（19歳・大学生）

「感じてきたら首筋や胸を軽く噛まれるとダメみたい。それだけでイッちゃったもん」……（27歳・OL）

イクってどういうこと?

かのハイト・リポートによれば、エッチのたびに毎回オーガズムを経験できる女性は3割とも。イクってそもそもどういうこと?

オーガズムに向かうさまざまなカラダの変化

オーガズム(性的絶頂感)、いわゆる「イク」とはどういうことかといえば、性的な興奮が高まり、その最高潮に達した状態のこと。男性なら射精を伴い、女性の場合、膣や子宮の小刻みな収縮が見られます。

女性は性的に興奮すると、小陰唇は赤みを増して開き、クリトリスは充血して大きくなります。膣からは愛液が出て潤い、乳首が立ち、乳房も膨らんでいきます。性反応(快感)の推移とともに内部も変化し、子宮が上昇して、膣奥が広がる一方、膣口近くは隆起が起こります。オーガズム時には、この隆起や膣周辺の筋肉が0・8秒間隔くらいで収縮します。

オーガズムに向かう性反応には、ある程度のパターンがあり、マスターズ&ジョンソン博士のレポートによれば、興奮期、平坦期、オーガズム期、消退期という4段階に分けられます。性的な快感は興奮期からじわじわと高まって、やがて一定の快感レベルが続く平坦期が訪れますが、そこからさらにグンと快感がアップすることでオーガズムが訪れます。

性反応による子宮と膣の変化

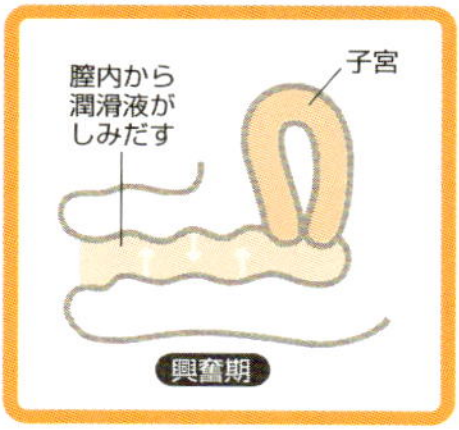

興奮期には膣周辺の毛細血管から染み出した愛液で膣内が潤い、ペニスを迎えやすくなる。

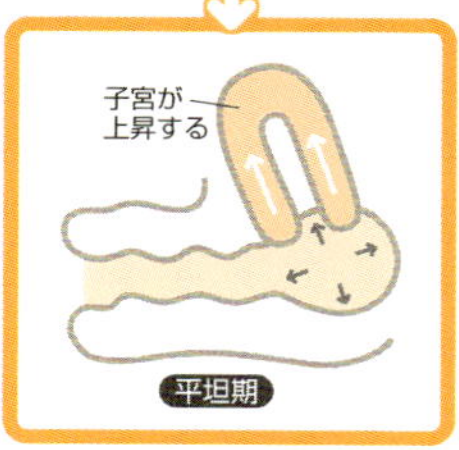

さらに興奮が高まると、子宮がグーッと上昇し、膣の奥がかなり大きく広がる。

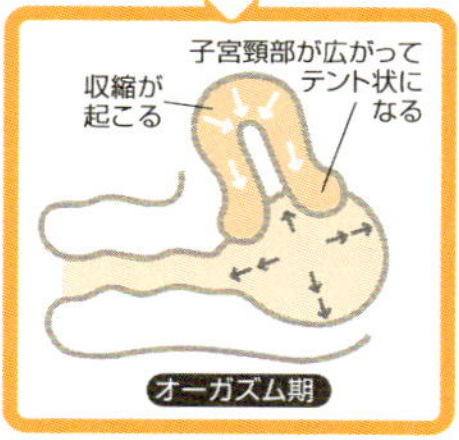

オーガズム期を迎えると子宮は収縮し、口がテント状に。膣の入口近くでは膣壁の隆起が。

人それぞれの快感曲線を意識しながらエッチしよう！

男性の性反応はとても単純で、興奮期にはペニスが勃起し、平坦期にはさらに硬さを増して、そこから一直線にオーガズムに向かい、射精とともに達します。また、男性は射精が終わると急速に快感が消失し（消退期）、しばらく勃起できない無反応期が訪れます。男性が射精を終えるとすぐに背中を向けがちなのは、そのためなのだとも。

それに対して、実は女性の性反応は非常にバラエティ豊か。興奮期が階段を登るように段階を経て登っていき、スッとオーガズムを経験するタイプもあれば、なだらかに徐々に近づいていくタイプ、何度も近づいて急に達するタイプもあります。女性の場合、平坦期からオーガズムへアップする瞬間をなかなかつかまえられない場合もあり、とても気持ちいいんだけど、イキそうでイケないなんていうのは、そんな状態。また、男性と大きく違うのは、オーガズムに達し消退期に至る中で、再び刺激を加えることで何度もオーガズムを得られるという、マルチ・オーガズムも見られるということ。快感の消失もゆっくりなだらかということ。

このように男女で異なる性反応曲線とオーガズムの時期を考えれば、意識してこの曲線のピークを重ね合わせることで一緒にイクことも。でももっと大切なのは、相手の性反応をよく理解し、お互いに思いやってエッチすること。そうすれば、エッチはもっと気持ちよくなる！

女性の性反応曲線

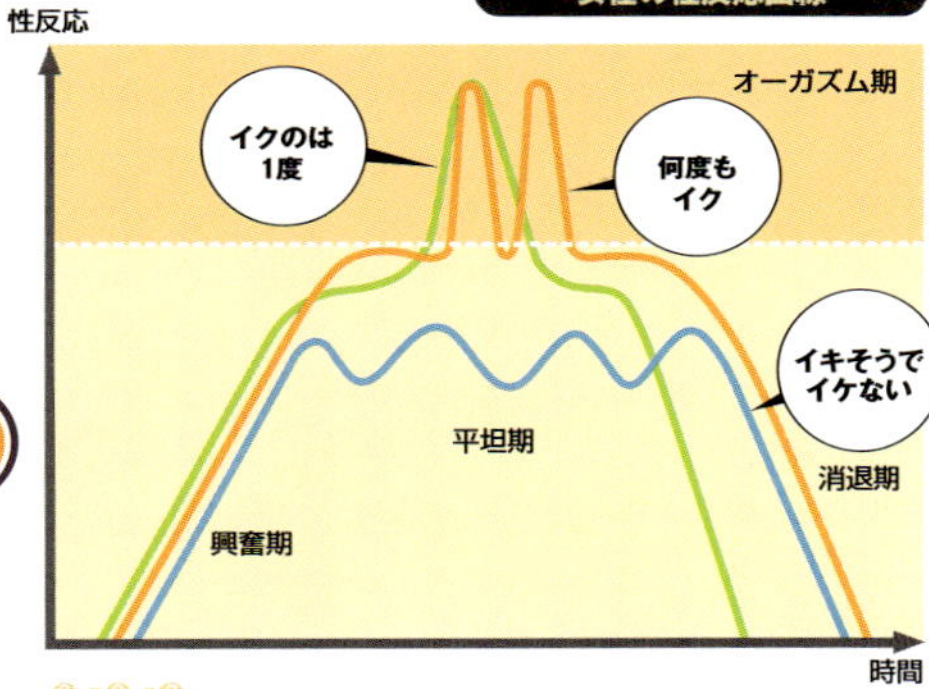

イクってどんな感じ？

ひとくちに「イク」って言っても、感じ方も深さもいろいろだし、変わっていくみたい。どうしたら、もっともっとよくなる？

あなたはクリトリス派？それとも膣派？

女性の場合、オーガズムのパターンは人それぞれという話はすでにしましたが、オーガズムの感じ方もまた人それぞれ。すごくいいんだけどなかなかオーガズムがつかめない、あるいはイッたことがないという人も、かなりいるはずです。

そこで気になるのが、イクってどんな感じなのか、それにみんなどこをどうやってイッているのか。「フアーッと天国に昇っていくみたいな感じ」「アソコがすごく熱くなってシビれていく」「ブラックホールに吸い込まれるみたいな」と、感じ方は実にさまざま。ただ、上昇感覚、急降下、アソコが熱くなるジンジン感覚などは典型的といえそうです。

さて、ではそうしたオーガズムを、最終的にはカラダのどの部分を刺激されることでみんな感じているのでしょうか。これは、「クリトリス派」と「膣派」に大きく分かれます。

クリトリスはいうまでもなく、神経終末が集まってすごく感じやすい部分。ここを擦られたり、触られたり、愛撫されるうちに、快感が押し寄せてイッちゃうという人はたくさんいます。一方で、挿入してどんどん突かれるうちに気持ちよさが押し寄せてきてイッちゃう、というように膣内でイッちゃう人も。もちろん、両方OKという人もいて、その場合、「どちらもいいけど、どちらかといえばクリトリスのほうはあっさりめ、中でイクほうが深い感じ」とも。それぞれの部分で感じ方が違うというのも興味深いところです。

イクってこんな感じ！

「頭の中が真っ白になって、カラダがキューっと締まる。最後は飛んじゃう」…………(21歳・OL)

「ジェットコースターに乗って真っ逆さまに落ちていくみたい。快感」……………(26歳・銀行員)

「大きな大きな波が押し寄せてきて、飲み込まれちゃう。アソコはジンジンして、ふっと自分が消えちゃうの」…………………………(22歳・大学生)

「花火がドーンてあがる感じ」……(19歳・OL)

「太股がピクピクして、はじけちゃうーって感じ。そして宙に浮く」……………………(20歳・看護士)

「もういっぱいであふれちゃう。全部こぼれるーって感じでピクピク」………………(21歳・派遣)

リラックスしてエッチを楽しむことが大切

クリトリスはわかるけど、膣でイクって？　そこでもう少し詳しく膣内の性感ポイントについて見てみよう。膣内にも感じやすいというポイントがいくつかあって、それは、膣口付近、Gスポット、子宮口（膣奥）の3カ所。そこが効果的に刺激されると快感が高まり、オーガズムに達することができるといいます。

中でも最近よく意識されているのはGスポット。これは、膣のお腹側の、入口から2～5㎝のところにあるポイントで、ここを指やペニスなどで刺激されるとイッちゃう。人によっては、その刺激でしみ出した分泌液が尿道口から吹き出すいわゆる「潮吹き」を経験して、エクスタシーを感じちゃうこともあります。

ただし、そんな女のコたちも、みんな最初からイッたわけじゃなく、必ず毎回イケるわけではないとも。一般にオーガズムを得るには、ある程度の経験を経ての、性感の開発が必要と考えられているし、オーガズムの感じ方や深さなども、変わっていくもの。また、オーガズムにはリラックスや安心感など、メンタルなことの影響も大きいといいます。ですから、まずはイクことばかりにこだわらず、ふたりで気持ちよければOK。性感は徐々に開発されて、いろんな発見があるはずです。

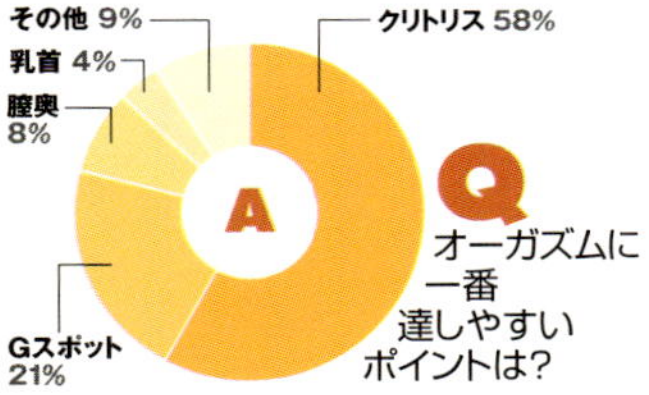

Q
オーガズムに一番達しやすいポイントは？
A
クリトリス 58%
Gスポット 21%
膣奥 8%
乳首 4%
その他 9%

Gスポットって？

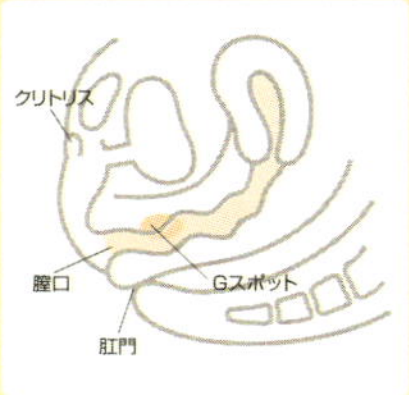

クリトリス
膣口
Gスポット
肛門

潮吹きは女性の射精かも!?

膣前壁（お腹側）の、入口から2～5㎝くらい、ちょうど中指の第二間接まで入れたぐらいのところにある性感ポイント。ここを刺激したとき、尿道に向かって分泌液がしみ出し、気持ちよくなって尿道から吹き出しちゃうのが「潮吹き」。Gスポットは前立腺の名残とも言われ、その分泌液は、成分的に前立腺液ととても近い。いわゆる潮吹きは精子のない精液、射精に近いものとも考えられている。指で刺激する場合は、爪を切り、傷つけないように注意をして。

性感帯のふしぎ

最初から決まっているんじゃなくって、まるで眠りから目覚めるみたいによくなっていく性感帯。恥ずかしいくらいいっぱい感じよう!

意外なところに眠っている性感帯をいっぱい見つけよう

性感帯がふしぎなのは、いつでもどんなふうにしても感じる場所じゃないってこと。スイッチが入ってないときはくすぐったいだけだったり、掠《かす》めるようなフェザータッチだととてもいいのに、強く触られると急に醒めちゃったり、かと思えば、ちょっと乱暴な愛撫に感じることも…。気持ちと連動する部分も大きくて、まずは性感を高め合うこと。それだけでまったく同じところでも感じ方が全然違ってきます。それから、特に最初は、焦れったいくらいにともかくソフトタッチで。これだけで、それこそ全身に、もっともっと感じるポイントがあるのを実感できるはず。

もちろん個人差はありますが、ではどんなところが性感帯かというと、いくつかの大きな傾向が――。

まず、ふだんは隠れていてくすぐったいような部分。脇の下や脇腹、指の間、ひざ裏のくぼみなどの柔らかい部分が、実はとても敏感。

それから、逆に出っ張り系。肩や肩甲骨、腰骨、尾てい骨など、骨の出っ張ったところ。ここは、レロレロされるような刺激に弱いみたい。

首筋や背筋、太股など、縦のスジが通ったライン、そこを指や舌で上下にツーっと刺激するのも効果的。このラインは、血管やリンパ腺、気の通り道と言われる経絡などの流れやツボとも重なり合っていて、それを意識して刺激するのも気持ちいい。

また、耳やへそなど、〝穴〟の空いてる場所も感度良好の傾向が大。

その中でも、もちろん、どこがいいかは人それぞれ。だけど意外なところがよかったりしてけっこうドキドキします。性器や乳首などの一番敏感な部分も、こうした性感帯を刺激した後には、より感じやすくなっています。こんなふうに全身がいいのは女性ばかりでなく、実は男性も同様の傾向が。ふたりだけの秘密の性感帯を探してみては?

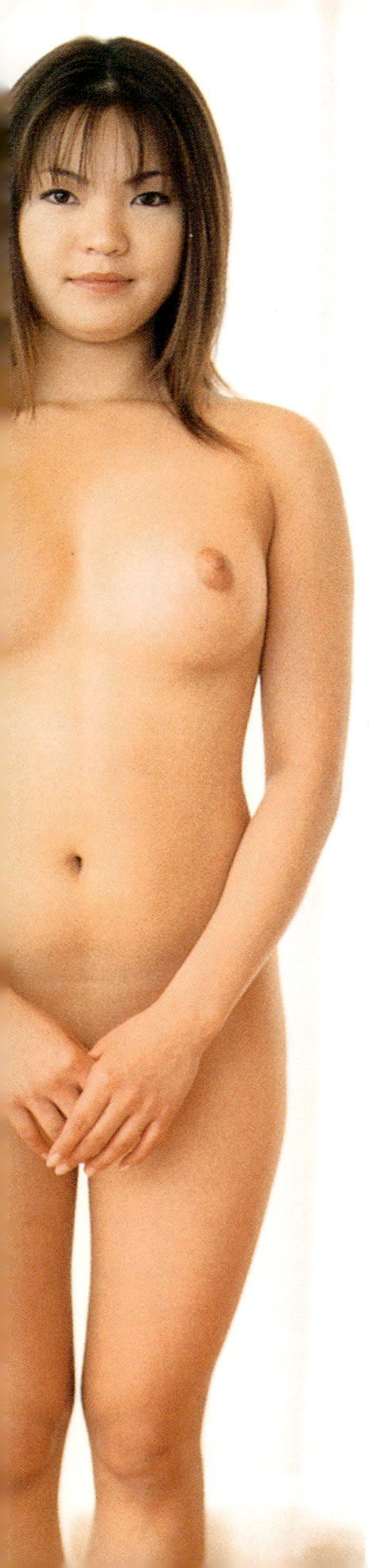

髪の毛

かきあげたり、指先を入れて向かい合ったり、生え際にやさしくキスをしたり。気持ちの伝わるような愛撫が、想像以上に気持ちよく、効果的。

耳

指先で耳裏をそっとなぞったり、軽く噛んだり、耳の穴にそっと舌先を滑り込ませたり…。人によっては飛びっきりの性感帯になる。

唇

キスはもちろん、指先でそっとふれたり、舌先で舐めたり、ついばんだり…いろんな感触を楽しみながら、性的な気分も一気に高まる。

首筋・うなじ

神経が集中している部分。うなじから肩への線をやさしく撫で上げたり、唇や舌をはわせたり、熱い吐息をかけたり…。

脇の下

最初はたいていくすぐったがるが、ぞくっとするようなよさに変わる可能性大。指先でスーッとなでたり、舌先でツンツンしたり、キスしたり、いろんな刺激が効果的。

乳房・乳首

乳首はもちろん上半身で一番の性感帯。指や舌先で転がすようなソフトな愛撫を。乳房はやさしく包み込んで、撫で、揉むが基本。脇の下へ向かう乳房脇の副乳も敏感なポイント。

手・指

腕は筋肉の線に沿って流れるようなタッチ、肘裏にはやさしくキスを。手の指や指の間はきっとびっくりするくらい感じるはず。

背中

血管や神経、経絡が通り、ツボもたくさんある。背筋とその2～3cmの両側のラインを指先でなぞったり、舐めたりすると効果的。電流が走っちゃうかも。

腰骨

骨盤を指でなぞったり、出っ張りを舌先でレロレロと愛撫したり。くすぐったい感じが、いつしか快感に!?

お尻

尾てい骨からアヌスにかけての割れ目はけっこう敏感。臀部(でんぶ)は手のひら全体で撫でたり、揉んだり、多少荒々しくされるのもいいかも。

女性器

クリトリス、大陰唇、小陰唇、膣…。もちろん、もっとも敏感な性感帯の中心。なるべく焦らして焦らしてからの愛撫でより感じるはず。

太股・膝

膝裏の柔らかい部分は、くすぐったくて感じやすい。太股の内側はソフトに付け根に向かって愛撫を。付け根の部分も感じやすい。どんどん高まっていくポイント。

足の指

手の指同様に、指の谷間を舐められたらかなり感じるかも。足裏のツボを刺激しながら、軽く噛まれるのが感じるという人も。

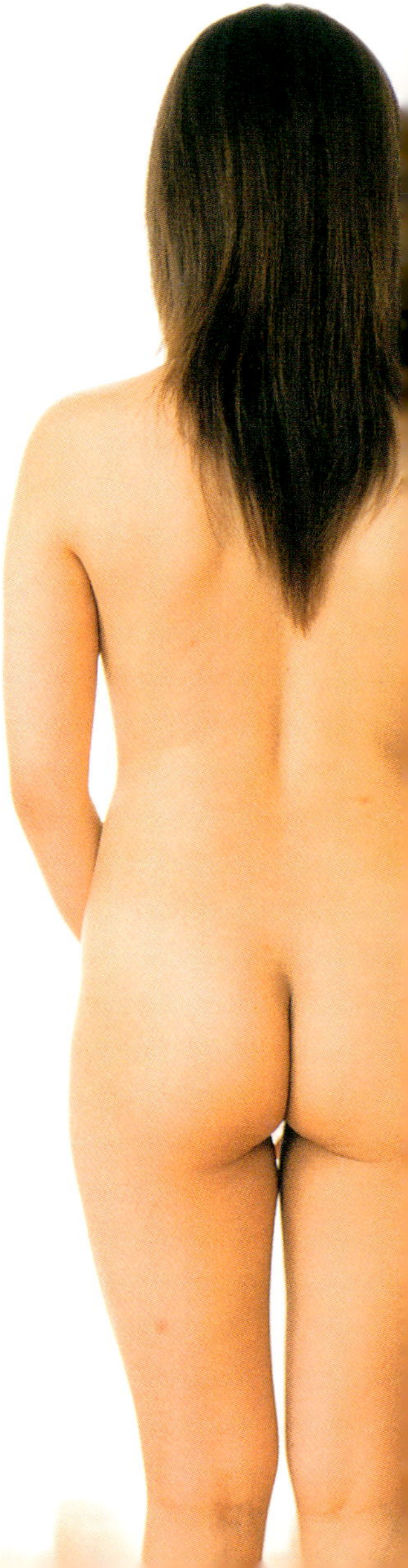

ひとりHのすすめ

今や女のコにもすっかりポピュラーになってきたひとりHだけど、まだまだよく知らない人も。ひとりHって素敵なこと？

ひとりエッチはセックスを知る絶好の予行演習

ひとりH、すなわちオナニー。男のコなら、したことない人はいないかと思うし、とても当たり前のことと考えているのでは。では、女のコのひとりHについてはどう思う？

実は女のコでも最近は、20代以降では7割近くが経験済みとも言われていますが、まだまだ男性のように、オープンには語られてないのが現実。それは少し残念なことかもしれません。

セックスについてはOKなのに、ひとりHが恥ずかしいなんていうのは不思議な話。自分の性欲を肯定し、気持ちいいことを知るひとりHは、それはそれでごく自然な行為です。

それにいろいろとメリットも。なにより自分で気持ちいいところを探し、好きなところを刺激できるから、自分の性感帯を知ったり、さらにはイクってこと、オーガズムを得るってことを知ることができちゃう。アメリカのキンゼイ・レポートによれば、ひとりHをしてる人で、オーガズムを経験できない人は、4～6％しかいないという数字もあります。

こうして自分のカラダやその反応について知っていくことで、エッチにもより積極的にむかえたり、カレにどうしてほしいかを上手に伝えることも。ひとりHは、絶好の予行演習。まだ経験していないなら、ぜひやってみてはどうでしょう。

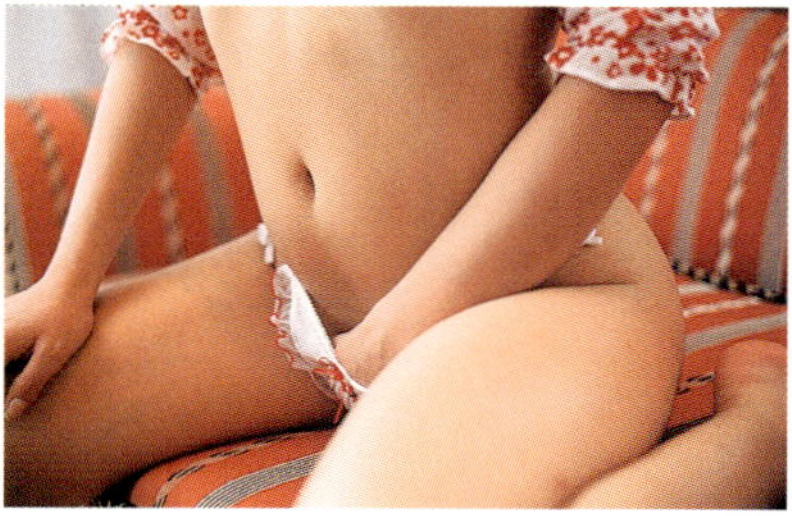

Q あなたはオナニーをしている?

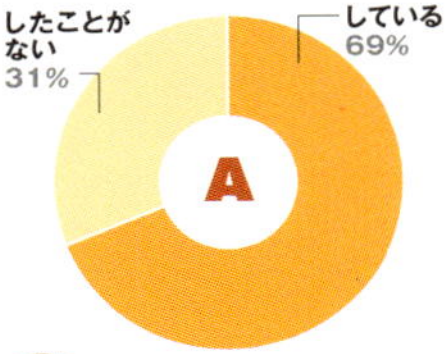

している 69%
したことがない 31%
A

Q オナニーでイッたことがある?

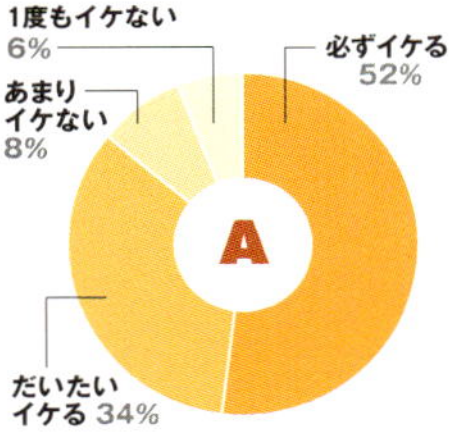

必ずイケる 52%
だいたいイケる 34%
あまりイケない 8%
1度もイケない 6%
A

どんなオナニーが好き?

「カレが勝手にイッちゃったとき、カレの横で。さっきのエッチを思い浮かべながらもっと過激なこと考えたり」……………(24歳・美容師)

「クリトリスを指ではさんで、最初はゆっくり、徐々に早くコネ回すような感じ。あっという間にイッちゃう」……………(21歳・女子大生)

「もやもやしたり、落ち着かないときにするとすっきり。最初は下着の上からいじるんだけど、途中で指を入れるの」……………(21歳・OL)

「なぜか最後は四つんばいになっちゃう。下から手をまわして、クリトリスを触りながら、中指を出し入れするの」……………(26歳・保険員)

「マイバイブがある。芸能人とのエッチを想像しながら使うの。入れなくても、クリにあてるだけで効くーって感じ」……………(19歳・学生)

「1度カレにしてみせてって言われてしたら、すごーく濡れて、感じちゃって。最近けっこう癖になっちゃってる」……………(24歳・OL)

III

タッチランド③

ふれあいから高まる!——プロローグランド

LOVECATION

キスやタッチを楽しんで、触れ合うこと、感じ合うこと、一緒に高まること…。そんな時間をいっぱい楽しみたい。

キスから始めよう! 1

キスを充分に楽しんでますか?　気持ちと気持ちが伝わり合うような素敵なキス。発情を確かめ合うようなキス…。最高のキッスを!

キスだけでもすっごく感じ合えるということ!

「キスってこんなに気持ちよかったんだ」「キスだけでもほんと満足って感じ」――キスをエッチへのちょっとしたプロローグくらいに考えているとしたら、もったいない。実はキスってそれ自体が官能的で、素敵なキスは、それだけで「え?」っていうくらい気持ちいいもの。そして、そんなキスで身も心も高まったあとは、カラダの芯から発情してしまうような感じ…。キスってそれくらい不思議な力を持っています。

　キスにはなんでそんな力が潜むのかというと、おそらく、キスすることで気持ちいいところを触れ合わせると同時に、その感触や息遣いを通してハートが伝わり合うから。だから、素敵なキスをする秘訣は、まずは心を込めて、最初はそっと気持ちを伝えるように唇を触れ合わすこと。ハートが伝わって、気持ちの扉が開き始めるまではとにかくソフトにソフトに。そしてひとたびハートに火がついて、お互いをもっと感じ合いたくなったら、今度は激しく。素敵なキス、存分に楽しみましょう。

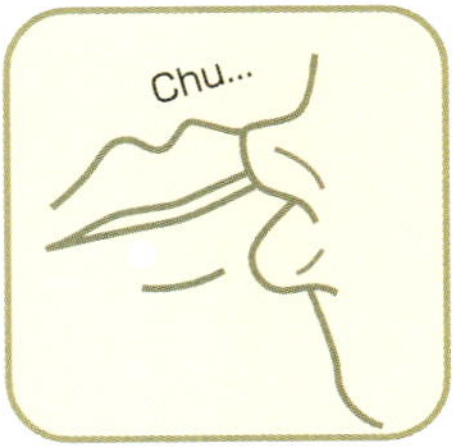

唇を触れ合わすときも、最初はわざと中心をズラしたり。焦らされるような気分。

プロローグを楽しもう

最初から直線的に本格的なキスを急ぐことなく、鼻を擦り合わせたり、わざと唇以外にそっとキスしたり、キスはプロローグを楽しんで。ちょっと待ちきれないような気分になれば、ファーストタッチがずっとよくなる!

エッチよりいい!? いろんなキス

これだけで満たされるような気分!!

ひとくちにキスといっても、キスにはいろんなバリエーションが。気持ちの高ぶりに合わせて、いろんなキスを楽しみ合いたい!

バードキス

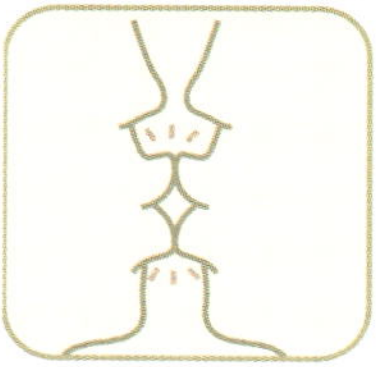

小鳥のように唇を突き出して、チュッチュッと軽く触れ合わせるようなキス。

サンドイッチキス

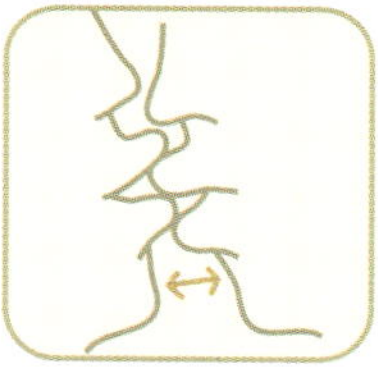

互いの唇が上下交互に重なるように互いに軽く挟んで。感触を楽しみ合って。

基本のソフトキス

軽く唇を触れ合わせたり、挟んだり、擦り合わせたり、あるいは舌先をピッと合わせたり…。最初はそっと感触を確かめ合うようなキスを。ソフトな微妙なタッチだからこそわかる、ドキドキするような気持ちよさがある。

ピクニックキス

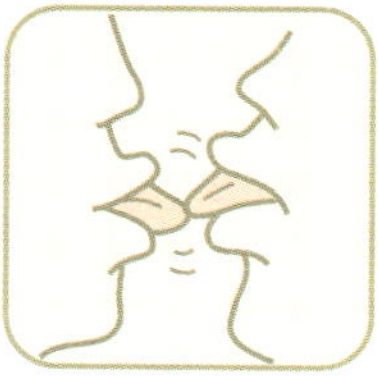

舌先を突き出して、お互いに触れ合わせる。この感じ、ピピッとくるかも。

触れ合わす

最初は唇がかすかに触れ合うくらい。顔を左右に振って擦り合わせても。

舐める

舌先で相手の唇をなぞるように舐める。唇が濡れていく感じも心地いい。

噛む

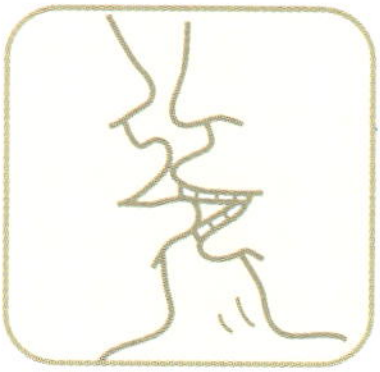

ときどきは軽くハフッと唇を噛んだりするのも刺激的。あくまでやさしく。

感触を楽しもう

唇や舌の動きや使い方ひとつで、キスの印象は全然違うもの。というより、いろんな方法でいろんな感触を楽しみ合うことこそキスの醍醐味というもの。お互いに反応を確かめながら、いろんな感触を楽しんで!

ふたりで気持ちよさを探り合うように…

ソフトなキス、ハードなキス、唇を合わせるキス、舌を絡ませるキス…。いきなりそんなにバリエーションがあるといわれても、困っちゃうかもしれません。でも、大丈夫。ポイントはまず、唇にせよ舌先にせよ、いろいろと触れ合わせながら、その感触を確かめ合うということ。舐めたり、擦ったり、軽く吸ったりするうちに、お互いに「あ、こんなのって気持ちいい」ってわかってきたら、だんだん深く、その気持ちよさを求め合っていけばOKです。ふたりでよさを探り合う感じ。唇や舌って気持ちよくって、それを絡め合うってこんなに気持ちいいんだ…それがわかったら、もうキスに夢中になってるはず。

カクテルキス

口と口を隙間なく合わせ、深く舌を絡ませ合ったり、吸い合ったり。

タング・トレイン・キス

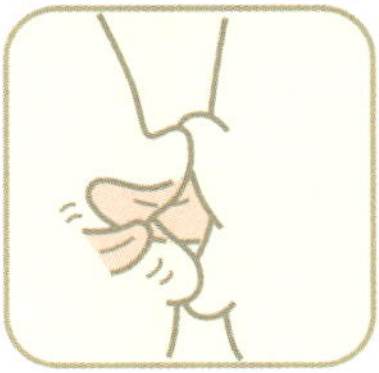

舌を交互に出し入れしながら、自分の口に入ってきた相手の舌を吸い合う。

歯ぐき攻めキス

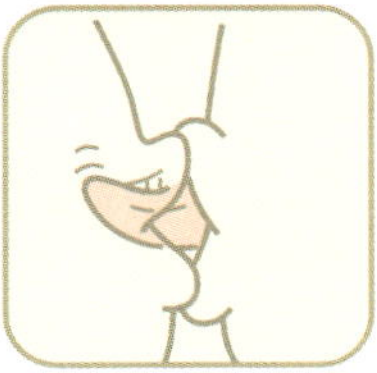

相手の歯茎の裏側や上唇と前歯の間に舌を入れ、歯茎をなぞってあげる。

(とろけるようなディープ・キス)

求め合う気持ちが充分に高まったなら、もう我慢の必要なし。お互いの口中に舌を進入させ、深く絡め合ったり、吸い合ったり…。充分に感触を確かめ合いながら、トロトロになるまで楽しみ合いたい。そんなディープなキスを!

ふたりで、全身タッチ＆キス 2

肌と肌で触れ合うこと、いとおしむようにキスすること。たまらなく気持ちよく、ドキドキして…。それも素敵なセックスのひとつです。

ふたりでとろけるような愛撫をしよう

キスとともに、お互いのカラダに触れ、愛撫し合うこと。それはセックスのとても大切な第一ステップです。そこでびっくりするくらい感じ合えたら、最高のセックスになること間違いなし。女のコにとって、触れ合うことで心とカラダをリラックスさせ、性感を高めることは大切。それによっていろんな刺激にもずっと敏感になって、快感が広がっていきます。ふたりが高揚してきたら、今度は女のコから男のコへ。それもとても気持ちいいはずです。愛撫で注意すべきは、最初はともかくじれったいくらいにやさしくということ。お互いの反応を確かめながら、たっぷりと愛撫を楽しみましょう。

基本のボディタッチ＆キス

最初はそっと焦らすくらいに…

一番の基本は相手の反応をしっかりと確かめながら愛撫すること。お互いのカラダに耳を傾けることから、素敵なエッチは始まります。

ソフトからハードへ

NO!
Gashi
Gashi..

最初は触れる触れないかくらいのやさしい刺激から。充分に性感を高めていく。

欲しいところは残して

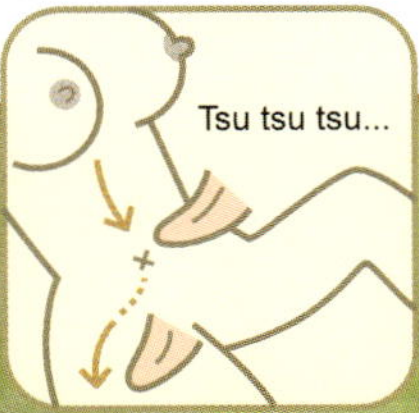
Tsu tsu tsu...

一番敏感な部分には徐々に近づく。近づいてもわざと飛ばして焦らしたりも効果的。

はじめはやさしく

はじめはそっと触れること。そして大事に大事にするようにやさしく包み込んだり、触れるか触れないかくらいの刺激のタッチやキスを。ひとつの刺激をやさしくゆっくり繰り返して行うのも効果的。焦らすくらいでOK。

いろんな刺激を

いきなり痛いような刺激はNGだけど、手や指先の使い方や、キスの仕方、舐め方にもいろいろなバリエーションを。撫でる、摘む、包む、擦る、震わす、吸う、舐め上げる、レロレロする…。強弱にも変化をつけて。

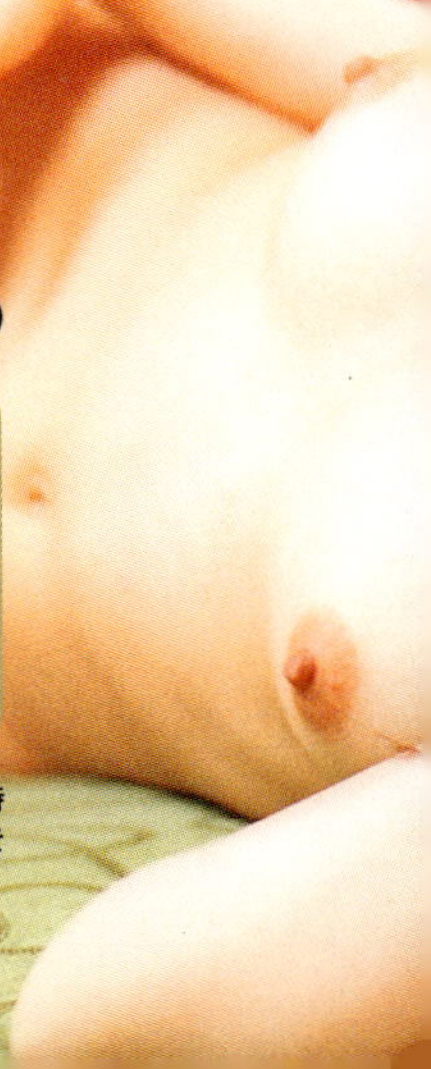

指の背を使ったタッチ

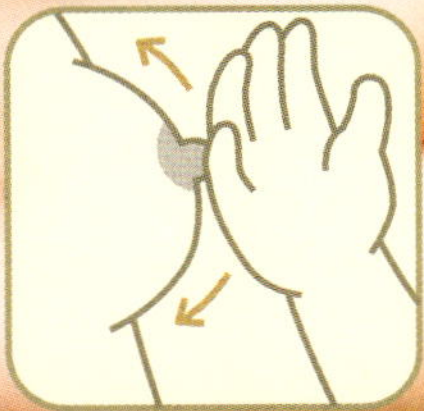

薬指や小指の背や爪の表面側を使って、かすめるように撫で上げるのもいい。

キスは唇を濡らして

PERO
PERO

ほどよく濡れた唇の感触が気持ちいい。キッスの愛撫では唇をしっとり濡らして。

ふだんはくすぐったい性感体

いつもは隠れているところをそっと刺激!

ふだんは隠れているところ、くすぐったいと感じる“弱い”ところ。実はそんなところがとっても感じる、感度の高い隠れた性感帯。

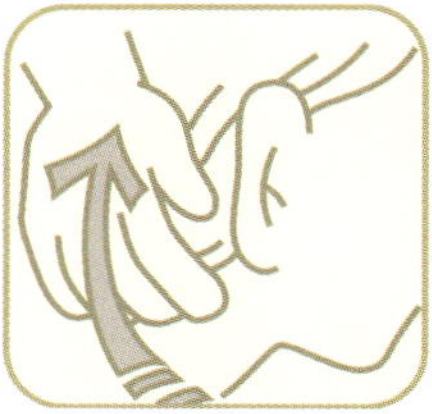

親指以外の4本の指先をそっと当て、うなじを下から上へ優しく撫で上げる。

あご骨から鎖骨にかけて、チュッチュッ、とやわらかいキッスをしていく。

（うなじや首筋）

うなじや首筋は手のひらで包み込んだり、ふっと吐息がかかっても感じたりする部分。最初は指先で撫で上げたり、そっとやさしいキスを。チュッ、チュッ、チュッ、と軽いキスで鎖骨に向かってゆっくり移動していくのもいい。

背面のうなじへのキスはセクシーな気持ちを引き起こす。髪のはえぎわが感じる。

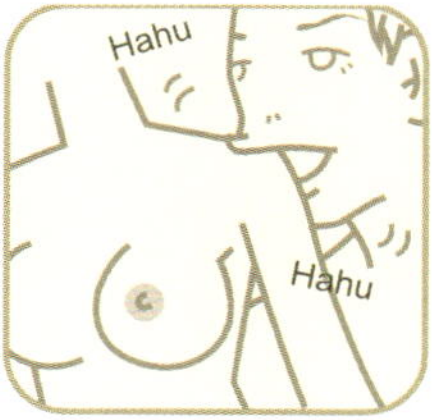

肩はハムハムと軽く噛んでやったり、舌先で円を描くように舐めるといい。

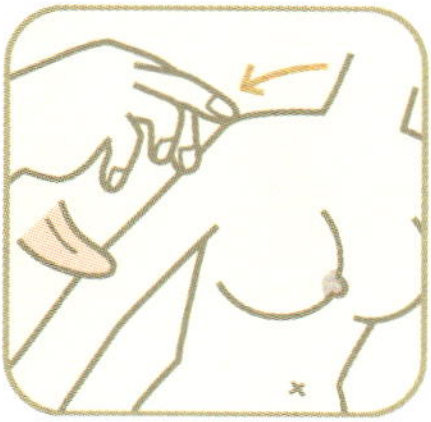

上腕の外側は、指先や爪先、舌の先端を使ってツーっと撫で下ろすのも効果的。

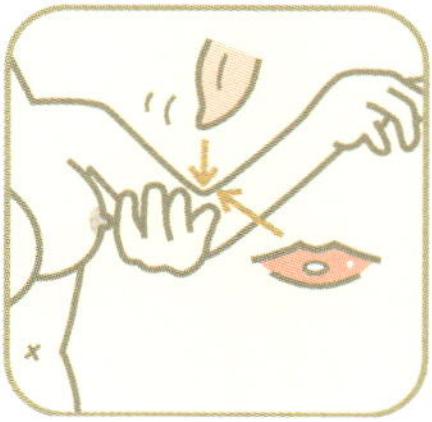

肘の内側のくぼみは隠れた性感帯。舌先で細かくレロレロ舐めるのも感じるはず。

（肩・腕）

肩や腕は、部分によって刺激の強弱や種類、動きを変化させて愛撫すると効果的。やわらかい部分には舌先や唇でソフトな愛撫を、腕の外側や肩は、軽く噛んだり、ジグザグに舌をはわせたり…。その違いもまた刺激的。

手・指

手や指は感覚が発達している部分であると同時に、刺激や愛撫による心理的な効果も大きい部分。手の甲やひら、指へのそれぞれの刺激もいいけど、ときには手を握ったり、触れ合わせるだけでもとっても感じ合えるはず。

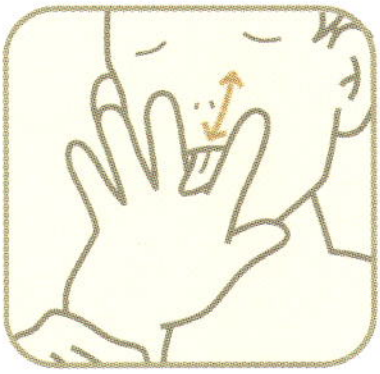

指と指の間に舌先を差し入れて、ペロペロ舐める。指の股の部分が感じる。

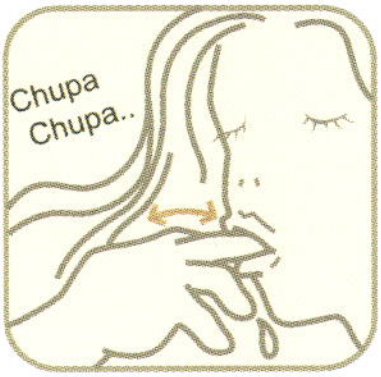

指をくわえてフェラチオするように舐める。舌を絡ませたりしながらピストンを。

脇の下

脇の下は皮膚が薄くて感じやすい部分。腕を持ち上げ、最初は舌の先でジグザグに舐めたり、舌全体を当ててアイスクリームを舐めるように舐め上げたり。舌先でツンツンしたり。広い範囲をいろんな舌遣いで刺激してあげる。

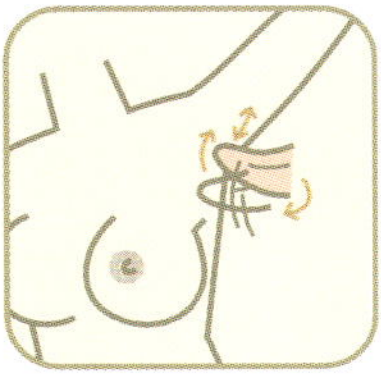

チロチロ舐めて様子を見たら、全体をいろんな舌遣いで舐め回してあげよう。

くすぐったさと快感は紙一重

愛撫というと、ここぞとばかりすぐに乳首やクリトリスへと手を伸ばす男のコもいるようだけど、それは間違い。前にも書いたように女のコのカラダは全身が性感帯（実は男のコも）。全身を刺激しつつ、徐々に一番感じる部分へ向かうのがいい。そこで知っておきたいのは、ふだんは隠れているところ、くすぐったいと感じるようなところに性感帯が潜んでるということ。うなじや首筋はもちろん、脇の下や指と指の間、肘裏のくぼみや太股の内側などがそう。最初はくすぐったいような気がしても、性感が高まれば、びっくりするくらい感じるはず。

やっぱり気持ちいいバストの愛撫

焦らした愛撫で性感がアップ

バスト愛撫の基本は外から内へ。つまり、乳房の外側から一番敏感な乳首へ、焦らすように迫っていく。それが性感を高めるコツ！

ツーとやさしく、滑るように、指先や舌先で同心円を描くように愛撫。

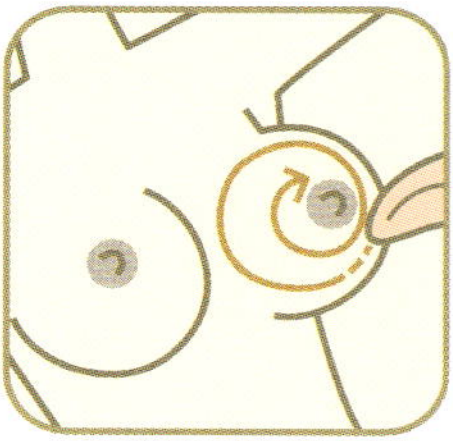

基本は外から内へ

バスト愛撫の基本は外から内へ。バストのふくらみに沿って、同心円を描くように乳首に近づき、最終的には乳輪に沿って舐めたり、愛撫を。その間乳首には触れずに、焦らすように。徐々に近づく感じがなんともいえず、性感もアップ。

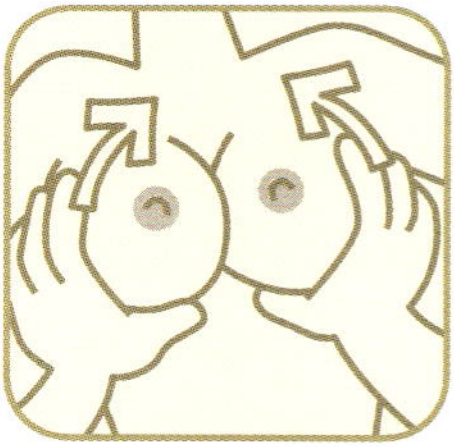

乳房を揉むときは、手のひらで包み、寄せて上げるようにすると気持ちいい。

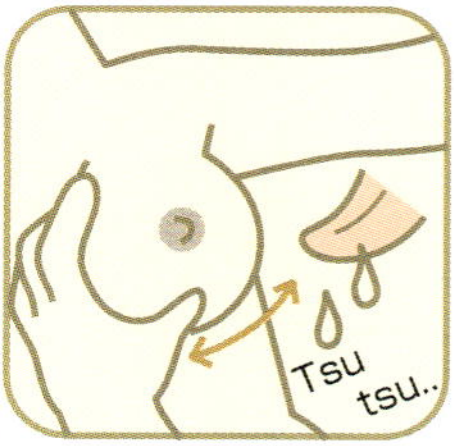

アンダーバストに舌を這わせるのは効果的。唾液をたっぷり使って。

乳房への愛撫

乳房への愛撫は手のひら全体で乳房全体を包み込み、ソフトに持ち上げながら、やさしく転がすように揉む。いきなりワシ掴みするようなことをすると痛いだけ。あくまで最初はふんわりとやさしくが大切なポイント。

期待感をあおるようにやさしく焦らすように…

バストの中でも、乳首は〝上半身のクリトリス〟といわれるくらいに一番敏感なところ。でも、いきなり乳首へ迫るような愛撫はNGです。バストへの愛撫は、まずは乳房の外側から、ゆっくり円を描くように、焦らすようにして乳首へ近づいていくのが効果的。

「いつ来るの…」と期待感をあおりながら焦らすほど、性感はどんどんアップします。乳房への愛撫も最初は手のひらで包んで、やさしく柔らかく揉みしだくように。やっと…のタイミングで乳首にたどり着いたら、乳首にはいろいろな愛撫を。舐める、つまむ、転がす、つつく…。待ちきれなくなった乳首は敏感に反応してくれるはずです。

乳首への愛撫

乳首は上半身でももっとも敏感な部分なので、やはり最初はソフトタッチが基本。軽くつまんで離したり、かすめるように転がしたり、軽く吸ったり。反応を確かめながらいろんなバリエーションで愛撫を。

指で…

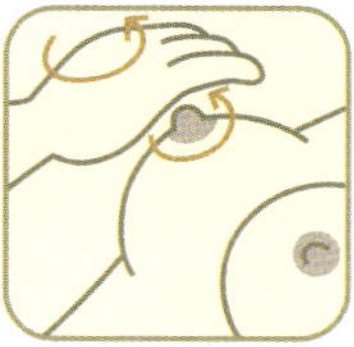

手のひらを広げ、乳首の頂点をかすめるように転がす。

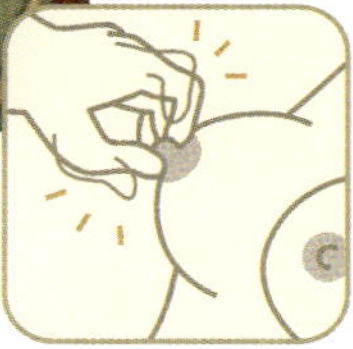

5本の指先で掠めるようにつまんでは離すを繰り返す。

人さし指と中指の間に軽く挟んで、バイブ刺激を。

口で…

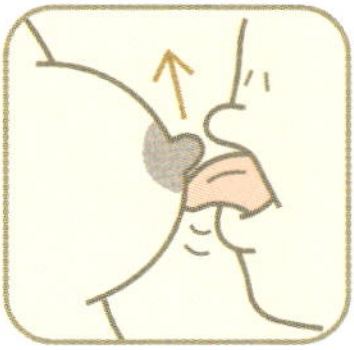

乳首の下側は敏感。舌全体で下から上へ舐め上げる。

軽く口に含んで、唾液を絡ませながら舌先で転がす。

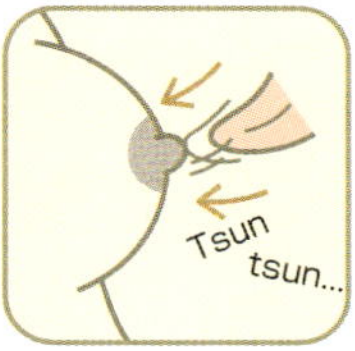
Tsun
tsun...

舌先で、勃起した乳首を軽く押し戻すようにつつく。

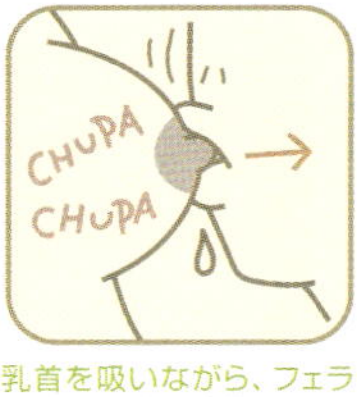
CHUPA
CHUPA

乳首を吸いながら、フェラチオするように前後させる。

唇で乳首を軽くはさみ、顔全体を揺するようにねぶる。

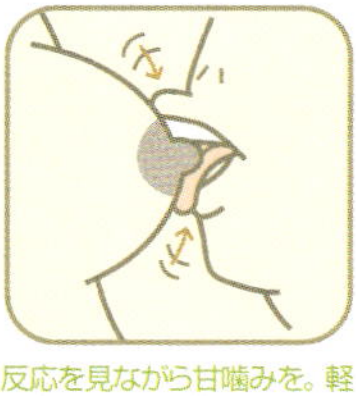

反応を見ながら甘噛みを。軽く噛まれるのが好きなコも。

思わずピクンとくる性感帯

背面は感じるポイントの宝庫！

背中をツーッと舐め上げたり、キスしたり。うまく感じるポイントにヒットすれば、ビクンとくるくらい感じるかも。忘れずに愛撫を。

背骨とその両脇には性感帯が並ぶ。腰から首までツーッと舐め上げるように。

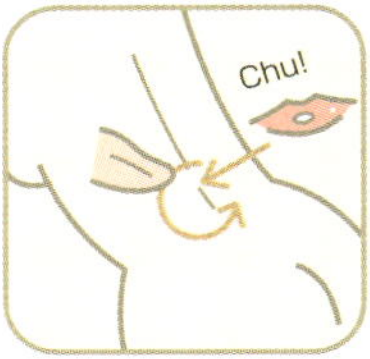

腰裏には指先で小さく円を描くように刺激したり、チュッとキスを繰り返す。

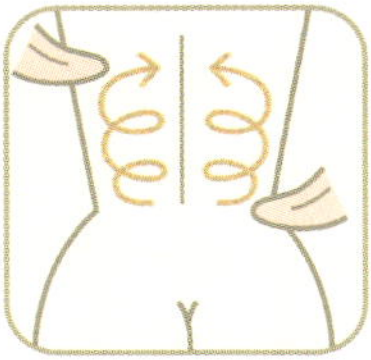

背中への愛撫は、背筋の両側をらせんを描くように舐め上げてあげるのもいい。

背中

背骨から両脇5㎝くらいのところには、非常に敏感な性感帯が並んでいる。肩甲骨沿いとともにチェックポイント。軽くキスしたり、舌で舐め上げたり…。ひとたびポイントが見つかれば、どんどん感度が増す可能性も。

腰・腰裏

ちょうどヘその裏側にあたる腰裏は、背中の中心点で敏感なポイント。親指の腹で円を描くように撫でたり、チュッチュッとキスしたりすると有効。いったん感じはじめたら、たまらない。集中的に愛撫するのもあり。

脇腹

指の腹でツーっと撫で下ろしたり、舌を当て、ジグザグを描くような愛撫を。

上半身から下半身へと愛撫を移行していくときに、上手に中継しながら指を滑らせたり、舌を這わせたりして刺激したいのが脇腹。あばら骨沿いが感じるというコも多い。大きくジグザグを描くような動きが案外効果的。

ピクンとくるようなポイントを探してあげる

ともすれば忘れられがちですが、実は背面は感じるポイントの宝庫。後ろから抱きかかえるようにしながら、まずは軽くキスをして、反応を確かめてみて。広い背中でも特に感じるポイントが多いのは、首のすぐ下や肩甲骨沿い、背骨とその両脇のライン、それから背面の中心点ともいえる腰裏。特に背筋のラインは経絡というツボの道とも重なっていて、ポイントがいっぱい潜んでる。人によって感じるポイントは違うから、ツーッと愛撫しながら、ピクンとくるようなところを探して。感じるところを見つけたら集中的に攻めてもいい。びっくりするくらい感じるかも。

性器周辺にせまる

一気に性感が高まるドキドキエリア

一番感じる部分に触れて欲しい…そんな気持ちとの相乗効果でますます感じるのが性器周辺の性感帯。一気に性感が高まっていく!

性器への接近を感じさす ギリギリの愛撫を

お尻や太股、それからパンティライン。性器周辺の部分への愛撫は、愛撫が性器そのものに近づいたということを充分に感じさせながら、ギリギリのところでまだ決して性器へは触れないことがポイント。そんな愛撫は、まだ触られてない性器をもじわじわさせ、期待感とともに、一気に性感を高めてくれる効果がありま す。性器への接近を感じさせる愛撫という意味では、特に太股への愛撫は効果的。そもそも敏感なポイントがある太股は内側を性器(付け根)に向けて撫でるように愛撫。愛撫につれて脚を開いていくようにすれば、羞恥心とともにさらに性感が高まっていくはずです。

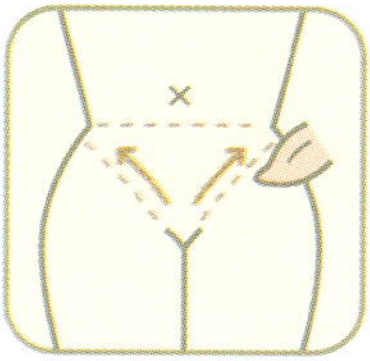

パンティライン(点線)に沿って三角形に、舌を這わせるように愛撫を。

(パンティライン)

パンティラインとは、パンティをはいたときの、お腹と足の付け根の三角形のライン。このラインに沿って舌を這わせるととても刺激的。特に足の付け根のラインは、まるで性器を舐め上げられてるかのように感じる部分。

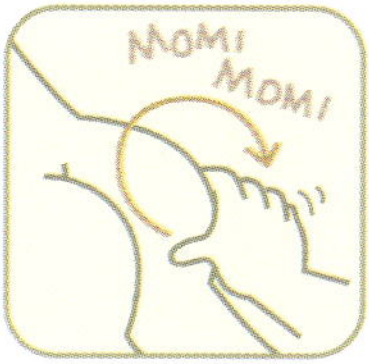

手のひら全体で軽くつかみ、割れ目を開くかのように揉むのが刺激的。

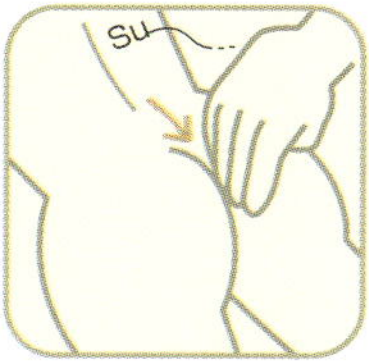

指先を立て、4本の爪先がお尻の割れ目をかすめるように撫でるのも効果的。

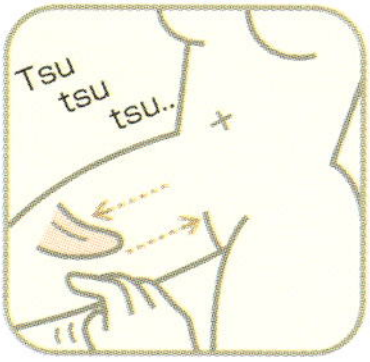

内股は指や舌先をフェザータッチで、女性器ギリギリまで寸止めの愛撫を。

(太腿)

太股の内側はとても敏感な部分のひとつ。触れるか触れないかというフェザータッチで、指や舌先を滑らせて。女性器の間際まで迫って焦らしつつも、決して触れずに行きつ戻りつの愛撫を繰り返すとたまらないはず。

(お尻)

お尻は手のひら全体で軽くつかみ、大きく外側に円を描くように揉む。こうすると、間接的に女性器も引っ張られ、開かれる!という感じが興奮も高める。

数ヵ所を1度に愛撫

多彩な合わせ技がたまらない！

体中に存在する性感帯。ならばそのいくつかを合わせて愛撫してあげたら…。もちろん、快感が増幅されてさらに高まります！

乳房＋耳たぶ

耳元へは後ろから愛撫しつつ、一方の指先で乳房を愛撫する。

乳房＋首すじ

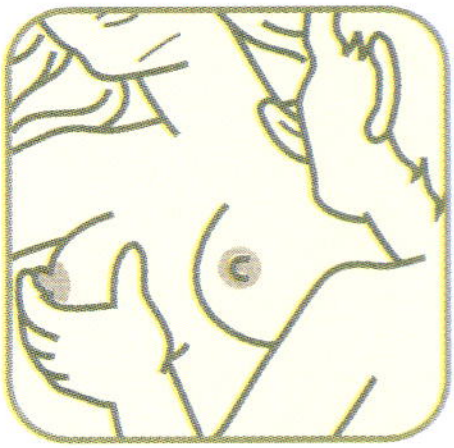

鎖骨のくぼみや首筋を舌先でなぞりつつ、乳房をふんわりと愛撫。

純粋性感帯＋間接性感帯で

バストや性器など一番敏感な部分を純粋性感帯、その他の部分を間接性感帯というが、複合愛撫をする場合、この2つの組み合せを意識して入れていくとわかりやすい。一方が核になって快感の増幅の仕方にメリハリがつく。

いろんなカタチで愛撫を

複合愛撫を行う場合のもう一つのポイントと醍醐味は、愛撫を行うための体位。どのようなカタチで絡んだら、どことどこを自然に愛撫できるか意識してみる。複合愛撫されるポーズ自体が刺激的で興奮を呼ぶこともある。

股間＋脇腹

股間を舌で愛撫しつつ、脇腹をさする。快感が上半身に伝わる。

性感が重なり合ってより立体的な快感に！

ここまでそれぞれの性感帯への愛撫についてみてきましたが、さらに、それらの性感帯をうまく組み合わせて愛撫してあげることで、性感はより立体的なものになって、いっそう高まります。たとえば、首筋にキスしながら乳房を愛撫したり、背筋に舌を這わせながら乳首とヒップを刺激したり…。こうして立体的に愛撫されることで、それこそ体中を愛撫で包まれているように感じたり、個々の快感同士が呼応しあってより複雑に快感が増幅されたりするのです。それはもうたまらない感じ。ぜひ試してみてください。

背中＋性器＋足

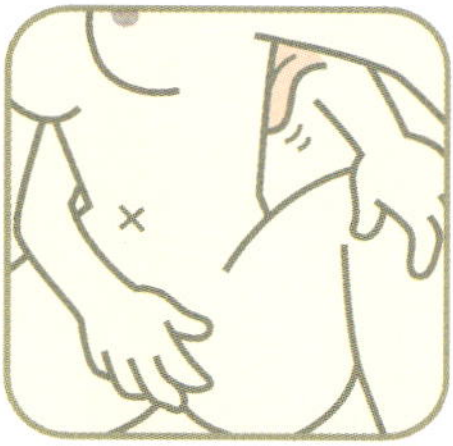

大きく開脚させられた状態での愛撫が恥ずかしいけど興奮を呼ぶ。

ヒップ＋バスト＋背中

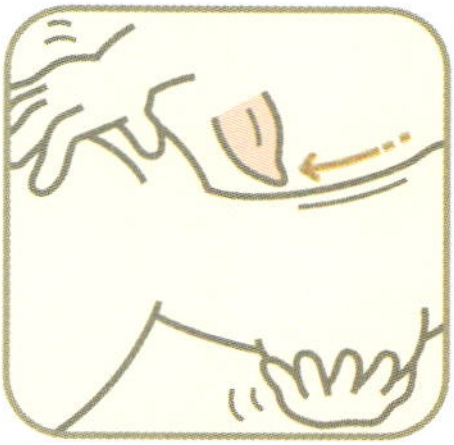

王道的な三点愛撫。背後から迫りつつ、乳房とヒップを同時に刺激。

股間＋脚

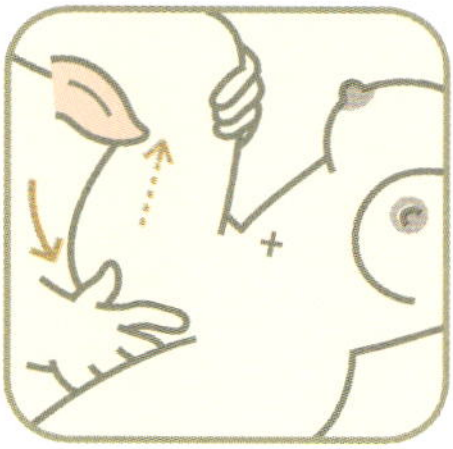

股間をさわさわしながら、片足を大きく持ち上げて内股を愛撫。

股間＋乳首＋首すじ

股間と乳首という急所をしっかり抑えられての愛撫が刺激的。

カレの性感帯はどーなの？

ここまでおもに女のコの性感帯と愛撫について語ってきたけれど、カレの性感帯はどうなんだろう。よく女のコのカラダは全身性感帯だけど、男のコが感じるのはアソコ（男性器）だけなんていいますが、そんなことはないんです。最初はわかりにくいけど、感じるポイントは基本的には女のコも男のコも一緒。自分がされて気持ちいいことは、基本的には相手も気持ちいいと考えていいみたい。女のコの方からも積極的にカレに愛撫してあげれば、最初はくすぐったがったりしてても、カレだって開発されて、感じるようになっちゃうはず。

お互いの性器をいつくしもう!

愛し合い、より興奮が高まっていったら、愛撫は自然と相手の性器へ。とっても敏感で愛おしい部分をいつくしむように愛し合おう!

極上の快感を与えてくれるオーラルによる愛撫

ふたりで愛し合い、愛おしさが募ってくると、相手のことをもっともっと気持ちよくさせてあげたいと思います。あるいは、相手がどんなに感じてくれているかを肌で感じたいとも思います。そんなとき、相手の性器に触れたいという思いは、ごく自然なこと。そうして、熱く潤んできた女性器や、硬く大きくなった男性器を確認し合えれば、ちょっと恥ずかしいけど、ますます熱く、愛おしさが増すというもの。

そんな気持ちが募ったら、迷わずお互いの性器を愛し合いましょう。まずは手を使って慎重にそっとまさぐるような愛撫を。どこが感じるポイントか探るように。いつくしむように。それからもっとおすすめなのは、オーラル(舌と唇)による愛撫。温かく湿った舌や口唇による変化に富んだ愛撫は、敏感な性器にとって、男性女性どちらにとっても最高に気持ちいい極上の快感を与えてくれるはずです。

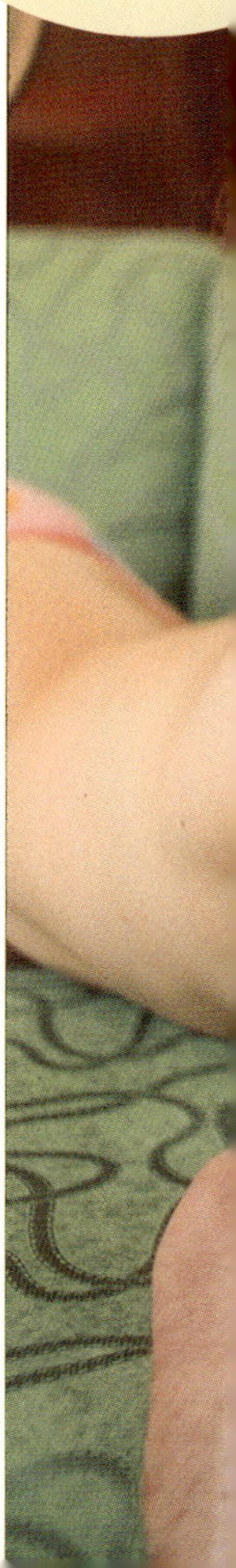

基本の姿勢とシックスナイン

クンニリングス

たっぷりと快感を分かち合うために…

男のコが女のコの性器を舌で舐めて愛撫するクンニリングス。とっても刺激的で、とろけるように快感に満ちた愛撫を楽しもう！

最初は恥ずかしいという気持ちも考えてあげる

女性の性器を舌や唇で舐めて愛撫することをクンニリングス（クンニ）といいます。ただ、特に最初は「恥ずかしいからイヤ」と

（シックスナイン）

数字の6と9が重なるように、男性と女性が互い違いに重なって、お互いの性器を愛撫し合うのがシックスナイン。ふたりで同時にオーラルの快感を分かち合える究極のスタイル。男女どちらが上になってもOK！

クンニリングス

女性器を舌や唇で愛撫するのがクンニリングス。ソフトな感触で変化に富んだ刺激が可能な舌や唇での愛撫は快感が深く、女のコがのぞめば、もちろんそのまま絶頂を迎えることも可能です。

いうコもかなりいます。もちろん無理強いは絶対にNGですが、たとえば、すでに充分に高まったあとで、性器自体には鼻先をかすめるくらいで触れず、その周辺にいっぱいキスを繰り返すとか、自然と性器への接触に期待を抱かせるように意識して愛撫してあげることで、抵抗がなくなる場合もあります。

女のコはなるべくリラックスして仰向けで脚を開き、その間に男性が顔を付けるように愛撫するのが基本的なカタチ。ただし、女のコがクンニに抵抗がなくなってきたら、女のコが腰を屈曲させたり、男性の顔をまたいだり、刺激的なポーズでしてみてもいいかもしれません。

外陰部へのソフト愛撫

最初はそっと全体を包み込むように

女性器の愛撫の最初は外陰部から。まずは全体にじんわりと刺激を行き渡らせて、さらに深く性感を目覚めさせるような愛撫を！

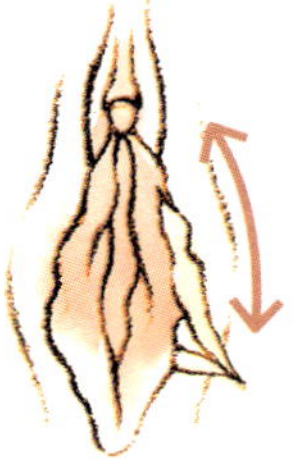

小陰唇のビラビラを唇でやさしく挟んだり、溝に沿って舌先や指をなぞらせる。

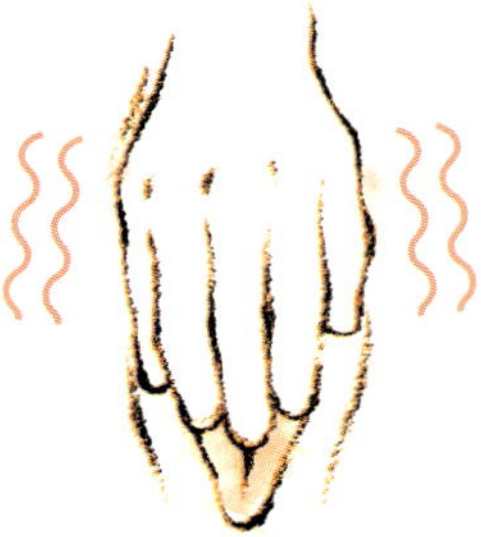

外陰部全体に手のひらでフタをするようにして、そっと撫でるようにして振るわす。

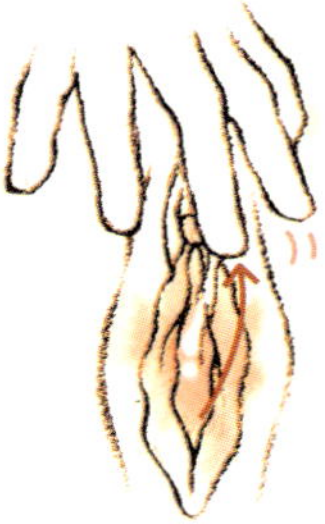

膣口にあふれてきた愛液をすくって、ヌメリをクリトリスへ伸ばすように内側を撫でる。

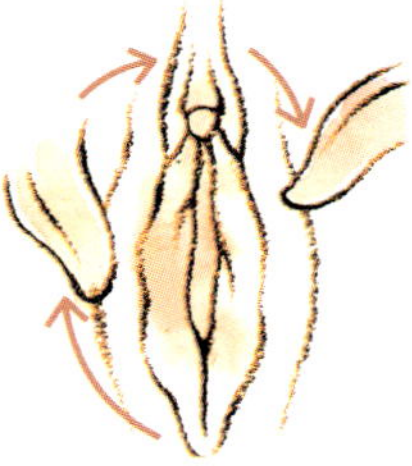

クリトリスを頂点に、大陰唇から小陰唇へと指や舌で円を描くように愛撫していく。

女性器全体の性感をさらに目覚めさせるように

女性器への愛撫でも、最初はクリトリスなど一番敏感な部分は残して、外陰部へのソフトな愛撫から入っていきます。たとえば最初は面で愛撫するように、手のひらで外性器全体を覆うようにして、振動させたり、揉むようにする刺激も効果的。さらにクリトリスを頂点に、大陰唇から小陰唇へ次第に小さな円を描くように迫ったり、小陰唇のビラビラを丹念に愛撫したり。女性器全体を隅々までていねいに愛撫していくことで、女性器の性感をさらに深く目覚めさせると、グッと気持ちよさが増幅されていきます。

クリトリス

女性のカラダでもっとも敏感な部分へ！

もっとも敏感な部分であるクリトリスには、慎重な愛撫を心がける。興奮度とクリトリスの状況に応じて刺激の仕方を変えていく。

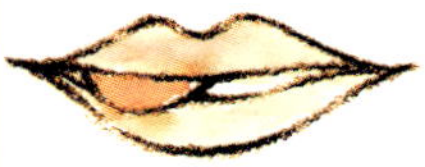

温かく湿った舌とクリトリスの相性は抜群。舌先の動かし方や力加減を研究して。

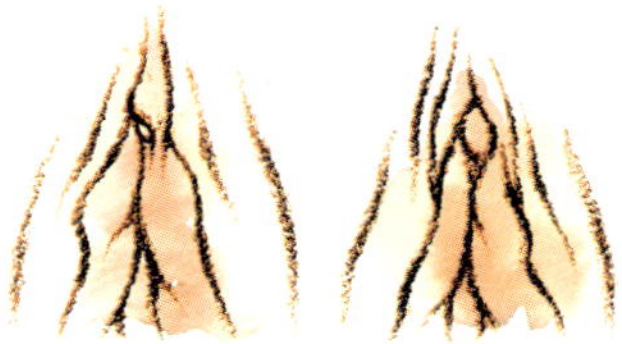

包皮による覆われ具合や大きさ、位置などは人それぞれで、いろんなクリトリスがある。ふだん露出してない部分は特に敏感。

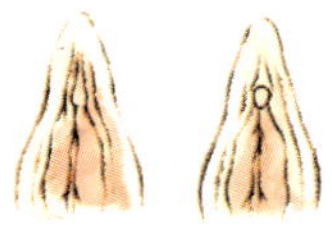

ふだんは皮をかぶっている場合が多いクリトリス。興奮すると勃起して顔を出してくる。

最初から強い刺激を与えないように注意して

クリトリスは女性器の中ではもちろん、女性のカラダの中でももっとも敏感で、感じやすい部分といっていいでしょう。とはいえ、とっても敏感なので逆に愛撫するときは、刺激が強すぎないように注意する必要があります。ふだんは包皮に包まれていることが多く、興奮すると勃起して顔を出します。乾いた指などでの愛撫は痛いので、愛液で充分に濡らして、状況に応じた愛撫を心がけます。

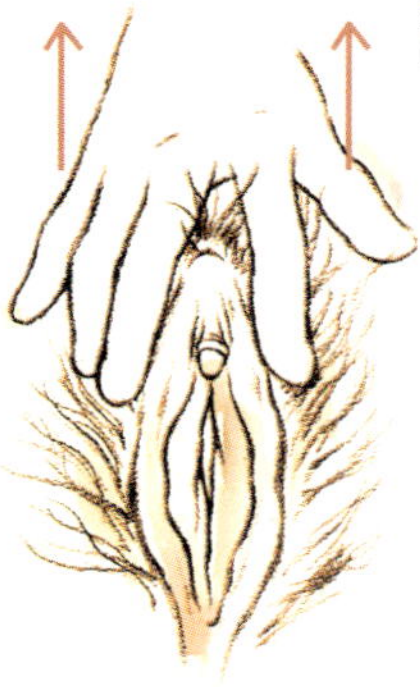

撫でる・開く・揺らす

クリトリスへの愛撫の初期段階では、直接触れたりせず、包皮ごと撫でる、開く、揺らすなどの刺激が効果的。包皮の上からかすめるように撫でたり、包皮を持ち上げて露出させながら、軽く揺するような刺激がけっこう効く。

包皮の上から愛撫する

最初は包皮ごしにやさしく！ 振動が刺激的

クリトリスは男性のペニスに当たるのでそう考えるとわかりやすい。包皮をクニュクニュ動かし、しごくような愛撫は当然気持ちいい。

➡包皮の上に中指の腹を当てて、クニュクニュまわしたり、軽くちょんちょんと突く。

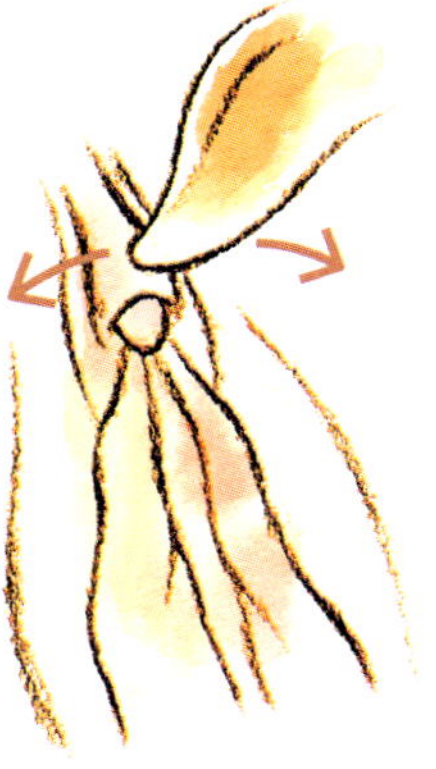

⬆クリトリスを舐めるときも、最初は包皮の上から舌を左右に動かすように舐めて刺激を。

⬇包皮に指先を当て、高速で左右に震わせて、包皮の先をプルプル振動させるように刺激する。

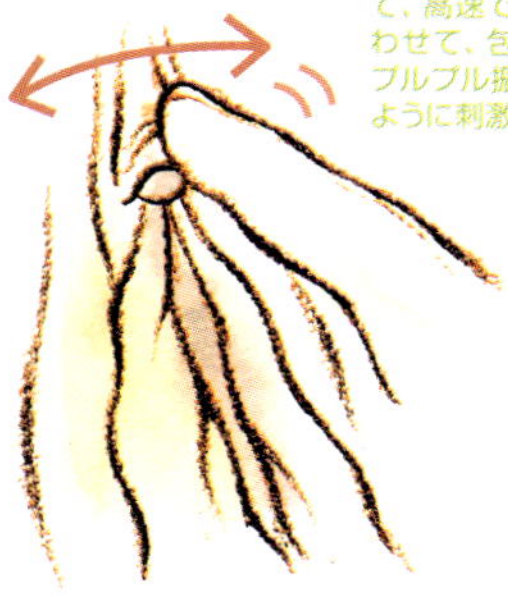

包皮の上からやさしくこねたり、しごいたり…

クリトリスはとても敏感な性感帯のため、じかに触ると痛みを覚えやすい。むしろ最初は、包皮の上からの愛撫が効果的です。包皮の上からとはいえ、あくまで力を入れすぎずに、愛撫はソフトにが基本。指の腹を当てて、左右にやさしくしごくようにしたり、クニュクニュまわしたり、こねたり、あるいは指をバイブのように震わせてみるのも効果的。指でなくクンニしていく場合も、最初は包皮の上から左右に舐めたり、舌先をソフトに押しつけて、内部のクリトリスを確かめるように刺激するといい。

円を描く・8の字を描く

クリトリス愛撫はなめらかな回転運動が基本！

露出したクリトリスの表面に舌先で円を描くように舐めてあげると刺激的。気持ちよければ、同じリズムでしばらく続けてあげます。

なめらかに円を描く動きをしばらく続けてあげる

クリトリスを露出させ、クンニで舌先で刺激する場合、まずは膣口に溜まった愛液を舌先でたっぷりとすくい取り、クリトリスに塗り付けるようにして舐めまわしてやります。こうすることでヌルヌルになったクリトリスは、舌先の刺激をより気持ちよく感じるでしょう。その上で、クリトリスの表面には、舌先でなめらかに円を描くように愛撫するのがおすすめ。最初は根本の方を大きな円で、さらに先端を小さな円で。女のコの反応を見ながらこの動きを続けます。また、円のほかに、8の字を描いてもとても刺激的。舌先の微妙なタッチで愛撫します。

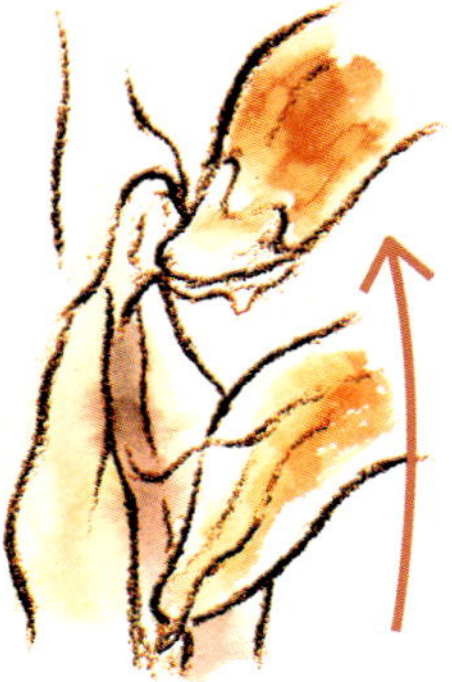

⬆舌先で膣口の愛液をたっぷりすくい取って、クリトリスの根本の方から塗るように舐めまわす。

⬆クリトリスの表面に舌先で円を描くように愛撫を。大きな円と小さな円。反応を確かめて。

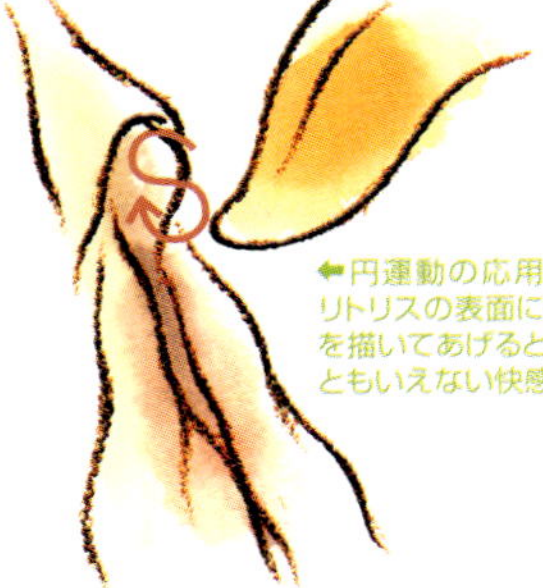

⬅円運動の応用で、クリトリスの表面に8の字を描いてあげると、なんともいえない快感が。

上下・左右に舐める

どんな刺激が好きか？注意を集中して…！

クリトリスが愛撫になじんできたら、舌先で上下あるいは左右に舐める動きを。リズミカルで素早い動きは、愛撫でも後半の方で。

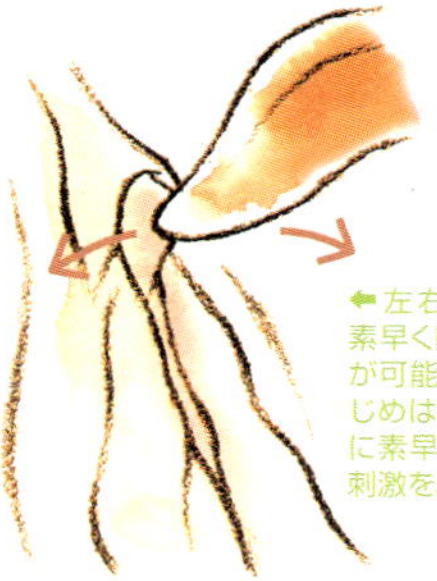

⬅左右へは舌を素早く動かすことが可能なはず。はじめは軽く、徐々に素早く動かして刺激を。

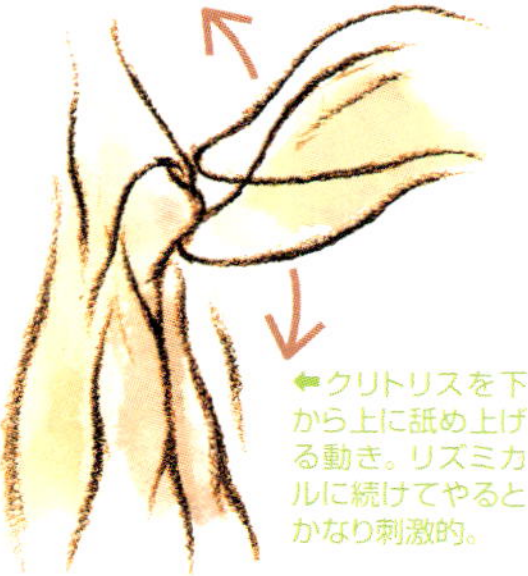

⬅クリトリスを下から上に舐め上げる動き。リズミカルに続けてやるとかなり刺激的。

舌先で下から上へリズミカルに舐め上げる

ある程度感じてきたら、舌先でクリトリスを上下にさっと舐めてやるのも効果的。さらに、露出したクリトリスを、舌先で下から上へリズミカルに舐め上げるように刺激を。ときどき斜めの動きを入れたり、上から下へ舐め下ろしてやるのもあり。

また、左右に舐めてやる動きも有効。その場合、舌は上下より左右に速く動かすことが可能なので、はじめは軽く、徐々にスピードをあげて高速で動かしてやるとかなり刺激的です。クリトリスの感じ方は十人十色なので、どんな刺激が好きか、相手の反応を伺いながら、好みの愛撫を繰り返します。

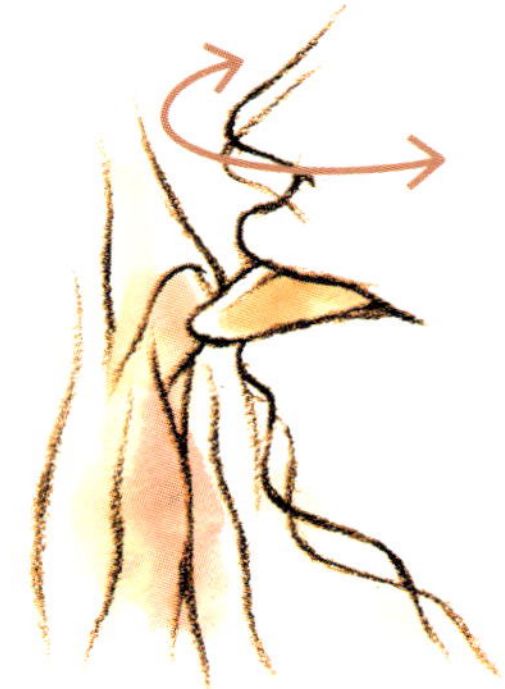

⬆舌先をクリトリスに接したまま、顔を左右に激しく振ったり、まわしたりして刺激しても。

やさしく吸い上げる

絶頂へと舞い上がっていくたまらない感覚!

クリトリスを吸い上げることは、感覚的にも心理的にもかなりの興奮を呼び起こす。さらに舌先での愛撫をプラスすればたまらない!

やさしく吸い上げながら舌先を使って愛撫を

クリトリス愛撫も仕上げに近づいたらぜひ試してみたい、もっとも刺激的なやり方のひとつが、やさしく吸い上げる愛撫です。クリトリスが隠れている場合は、指の腹を上方に当てて包皮をむき、勃起したクリトリスのまわりを唇で包むようにして、それからやさしく吸い上げます。こうしてクリトリスを吸い上げながら、舌先で上下、左右に回転させ、あるいはチロチロ舐めるように愛撫します。吸い出される感覚と舌先による微妙な刺激が合わさってかなり刺激的。この愛撫を続けることで、たまらずに絶頂へと舞い上がることも少なくありません。

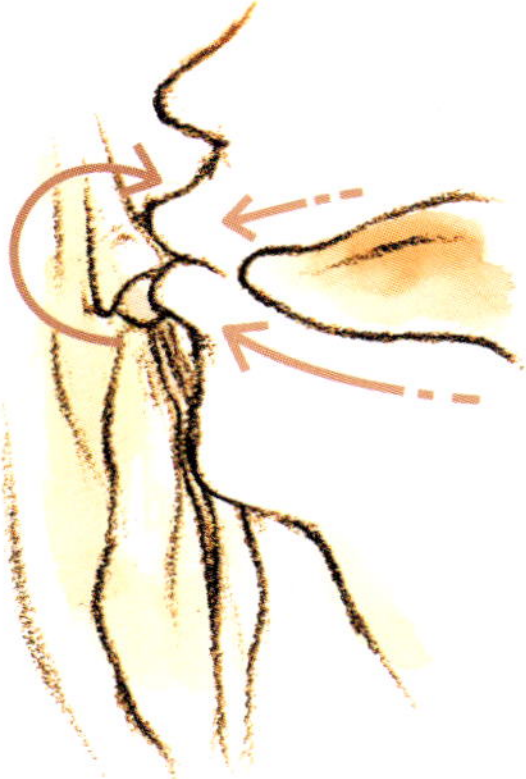

↑クリトリス全体にやさしくキスするように唇を接し、全体をまわしながら、舌先で舐める。

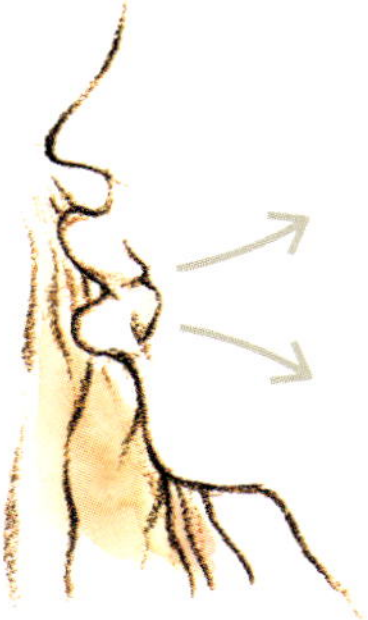

↑まずクリトリスのまわりを包み込むように唇を当て、ゆっくりと吸い上げます。

←吸い上げられてさらに敏感になったクリトリスを、舌先で回転させるように愛撫します。

指を入れる

充分高まってから膣の中へそっと挿入!

充分に高まってきたら、膣内に指を挿入する愛撫を加えていくことで、快感のボルテージはさらに跳ね上がっていきます。

最初はそっとストロークして膣内を刺激になじませる

かなり感じてきたら、膣の中にそっと指を入れてあげるのもいいでしょう。最初は細い指から入れるのもいいし、また、指の腹を上に向けて中指をゆっくり挿入し、ぐるりとまわしたり、長いストロークでゆっくり前後運動をさせ、膣内の性感を目覚めさせてやることで、快感に没頭していくベースを作ってあげます。挿入になじんできたなと感じたら、中指を曲げ、膣前壁を押し上げるようにしながら前後させ、Gスポットを刺激したり、やはり敏感な部分である膣入口を刺激するため、膣口横の筋肉を浅く指を入れて前後に擦るようにするのもいいでしょう。

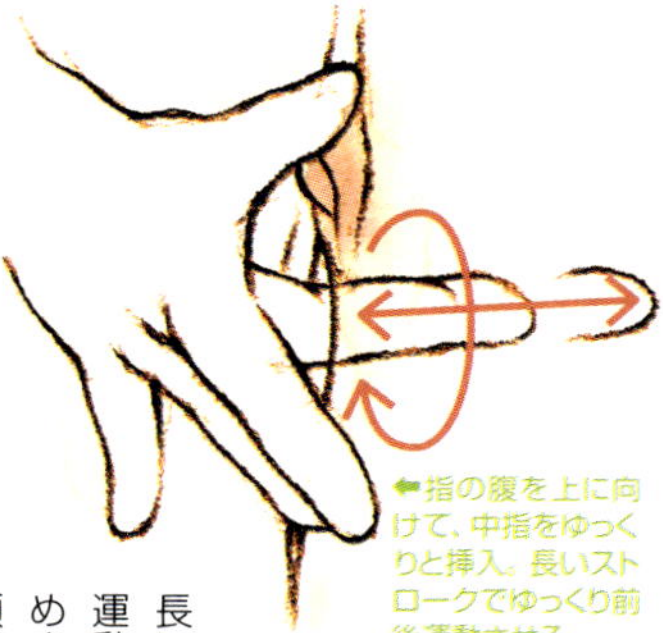

⬅指の腹を上に向けて、中指をゆっくりと挿入。長いストロークでゆっくり前後運動させる。

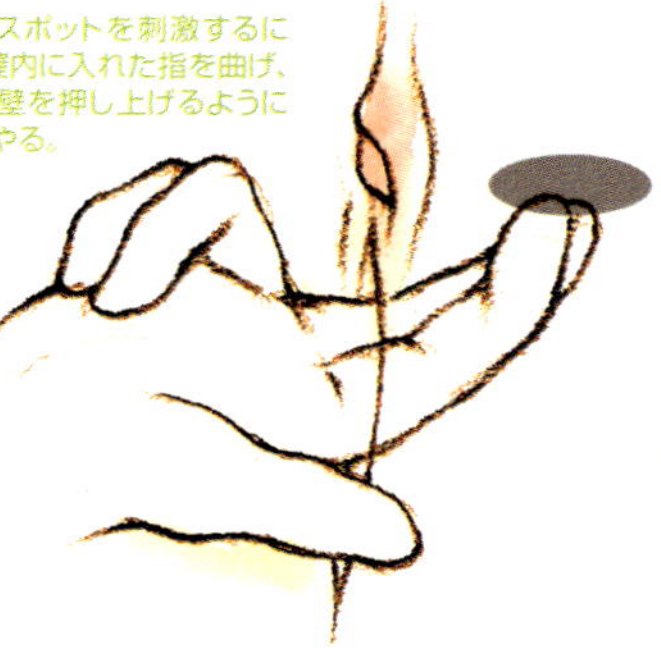

⬇Gスポットを刺激するには、膣内に入れた指を曲げ、膣前壁を押し上げるようにしてやる。

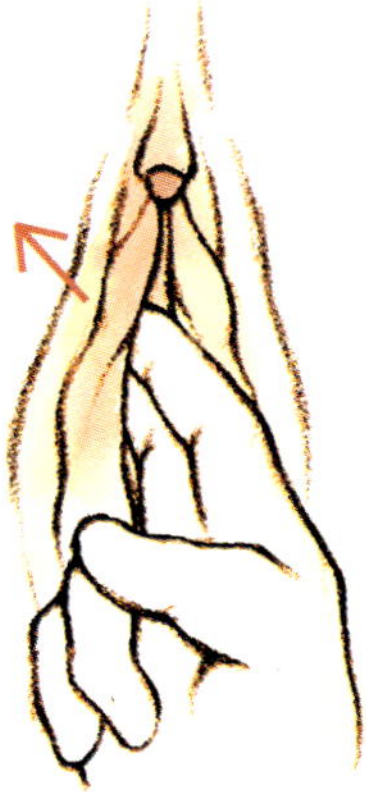

⬆膣入口横の筋肉も感じやすい部分。2本の指を浅く入れ、圧迫するように擦ると効果的。

2点、3点を同時に愛撫

舌、指、鼻先…いろんな刺激を合わせて！

クライマックスに近づいていったら、一ヵ所だけでなく、舌や指、鼻先、いろいろ使いながら、数ヵ所を同時に愛撫するとさらにいい。

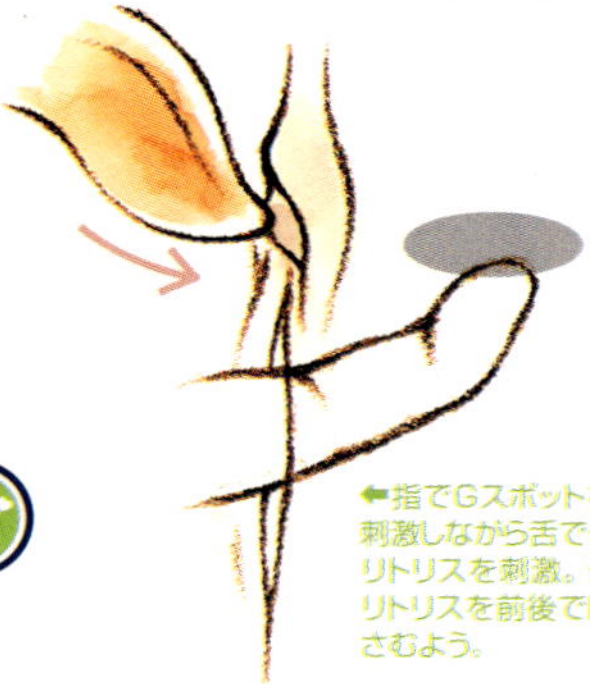

⬅指でGスポットを刺激しながら舌でクリトリスを刺激。クリトリスを前後ではさむよう。

➡膣内に舌を入れ、膣口に吸い付くように愛撫。同時に鼻先でクリトリスを擦るようにする。

気持ちいいところを同時に愛撫する

クリトリスへの舌での愛撫と、膣内への指での刺激、さらにはアヌスへの愛撫も取り混ぜるなどして、2点、3点を同時に愛撫してあげることで、さらに興奮を高めることもできます。膣内に入れた指を動かしてGスポットを刺激しながら、感じてきたところでさらに舌先でクリトリスをチロチロ舐めるのも素敵です。刺激が強すぎれば動きは交互に繰り返してもいいし、もちろん同時でもOK。また、アヌスへの刺激を加えてやるのもいいでしょう。クリトリスや膣内を刺激しながら、アヌスは入口のまわりを丸く刺激したり、押し揉むようにしてやります。

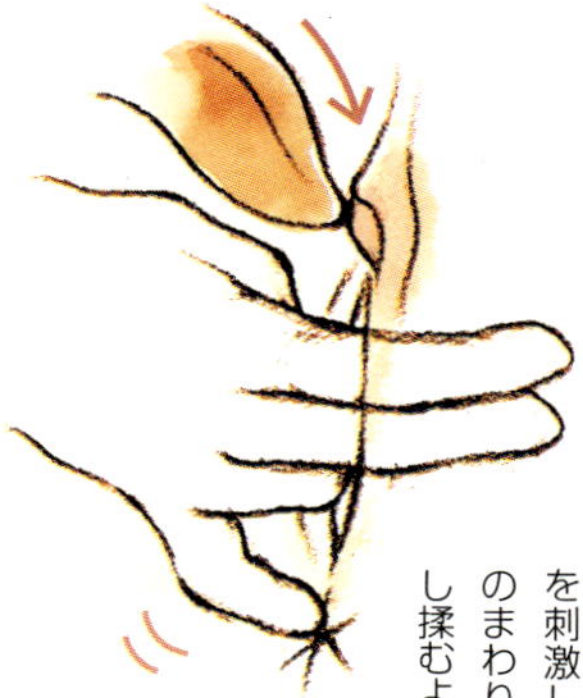

⬆クリトリス、膣、アヌスの3点同時愛撫。アヌスは好みによって小指の先を軽く入れても。

フェラチオ

男性の性器を口に含み愛撫してあげることをフェラチオといいます。カレのペニスを愛おしく思い、またカレをもっと感じさせて

ペニスを手で愛撫する

やさしくつかんで上下に擦る動き！

カレのペニスに手を伸ばし、まずはやさしくまさぐるように触れてみましょう。それから片手で握って、上下に大きくストロークを。

はじめはゆっくり大きなストロークで

フェラチオ

男性の性器を口に含み、舌や唇で愛撫してあげることをフェラチオといいます。単純に口に含むだけでなく、キスしたり舐め上げたり、いろいろな刺激を与えてあげると男性は喜びます。

あげたいと思ったときはしてあげるといいでしょう。また、カレのペニスを口に含む前に、あるいはほかの場所を愛撫しながら、ペニスを手で愛撫してあげるのも喜ぶはずです。カレの性器に手を伸ばし、最初は陰のうから勃起したペニスの裏側まで、手のひらでさわさわ触ってあげて、愛撫への期待感を募らせるのもいいでしょう。そして、カレのペニスを片手でやわらかく握ってあげます。それからその手をゆっくりストロークさせるように上下させて愛撫します。カレがイキそうになったら、そのままスピードを速めて。もう一方の手で、同時に陰のうを愛撫してあげるのもおすすめです。

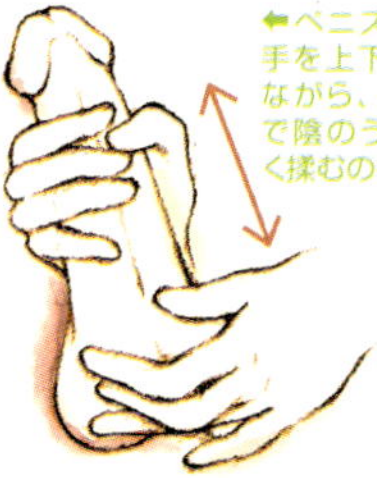

←ペニスを握った手を上下に動かしながら、一方の手で陰のうをやさしく揉むのも効果的。

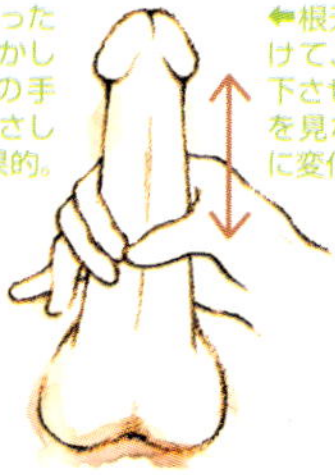

←根元から亀頭にかけて、握った手を上下させて愛撫。反応を見ながらスピードに変化を。

↑ペニスの握り方に決まりはありませんが、強く握りすぎないように。最初はソフトに。

キスの雨を

チュッチュッていうキスの雨が興奮を高める!

ペニスへの本格的な愛撫の前に、キスの雨を降らせたり、陰のうやアヌスなども充分舐めてあげると快感はさらにアップします。

性器への軽いキスの雨はカレの興奮を高める

カレのペニスを口に含む前に、チュッチュッと性器の至るところにキスの雨を降らせてあげましょう。やわらかく濡れた唇が当たる感触と、愛されているという気持ちが感じられて、カレの興奮が高まること間違いなし。さらに、陰のうや会陰、抵抗感がなければアヌスにも舌を這わせて舐めてあげるとカレはうんと感じるはずです。陰のうは、舌先でクルクル円を描くようにしながら全体をやさしく舐めまわしたり、ペロンと舐め上げたり。アヌスは舌の先でまわりに小さな円を描くように舐めたり、ときおり舌先でつついたりするのも効果的な方法です。

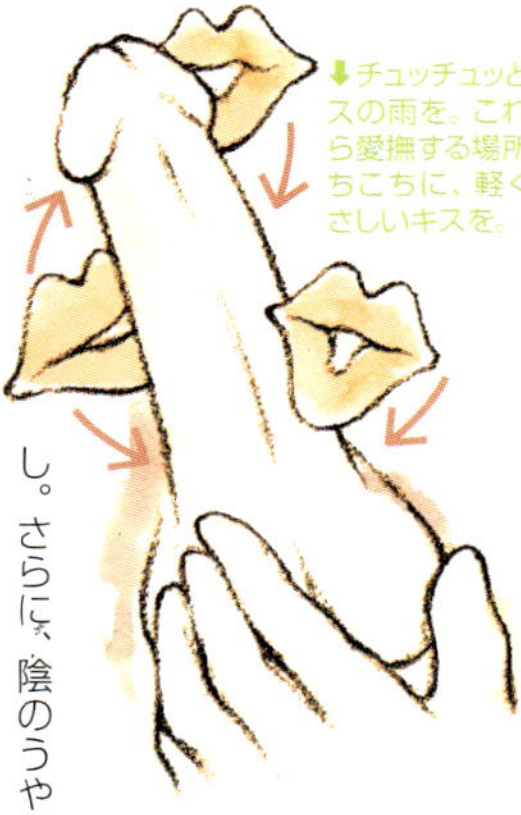

⬇チュッチュッとキスの雨を。これから愛撫する場所あちこちに、軽くやさしいキスを。

⬇会陰部からアヌスにかけても舐めてあげる。アヌスへは舌先で周辺に円を描くように。

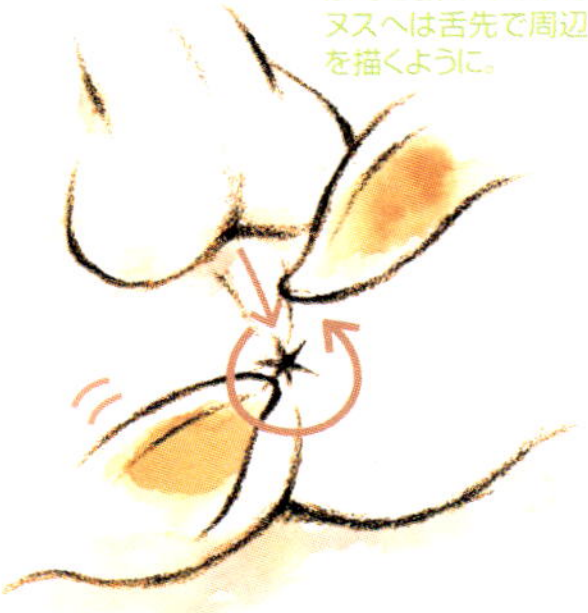

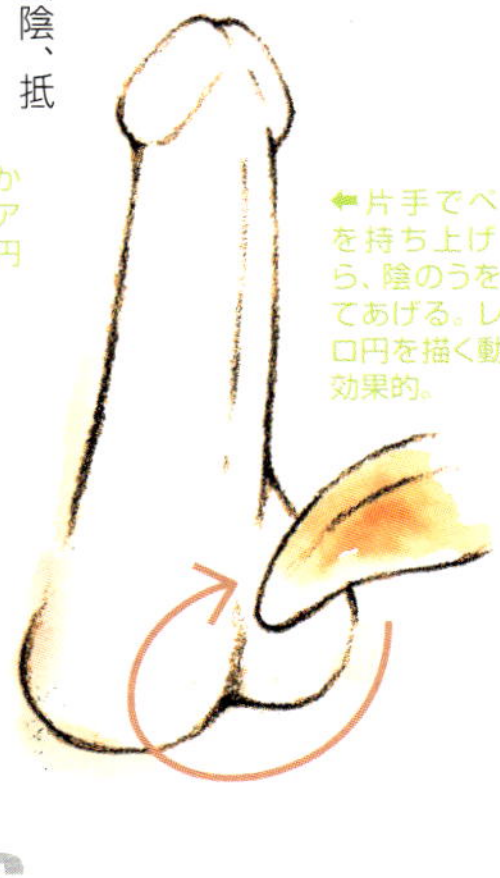

⬅片手でペニスを持ち上げながら、陰のうを舐めてあげる。レロレロ円を描く動きも効果的。

舌を使って上手に舐め上げる

敏感な部分をレロレロするようにして!

男性器は、亀頭に向かって上手に舐め上げられるような刺激にかなり弱い。ウラスジなど敏感な部分を意識しながら、レロレロしよう。

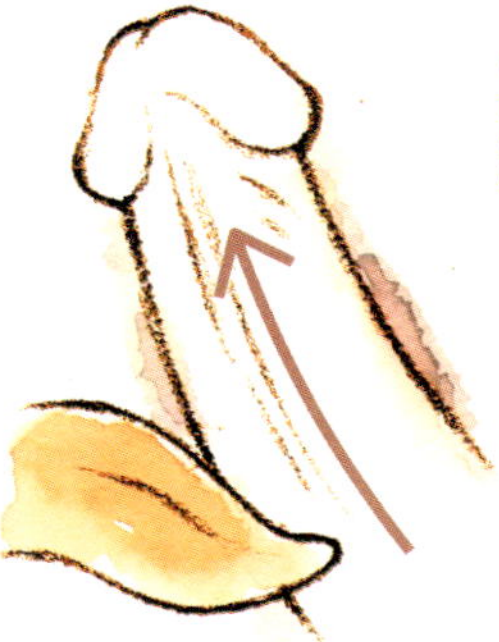

⬆一番敏感なカリ首のところまで、ウラスジは舌先でツーっと何度も舐め上げてあげる。

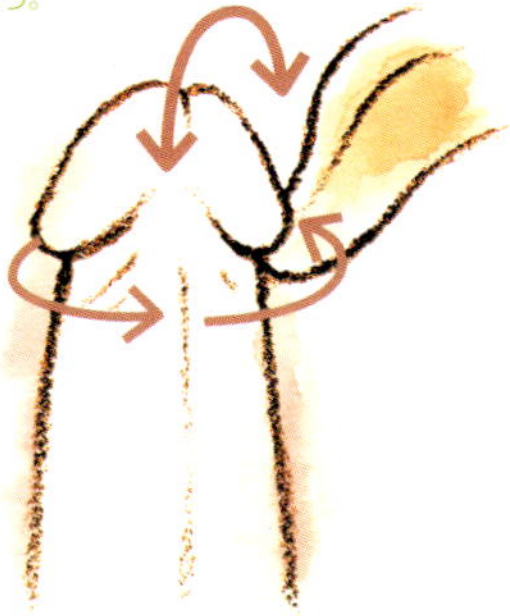

⬇亀頭とサオの接合部、カリ首の周囲も敏感。舌先でぐるりと舐めまわしてあげよう。

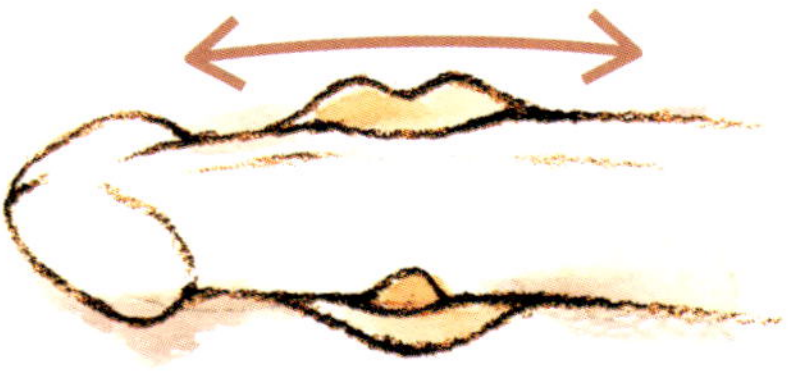

➡ハーモニカを吹くように横ぐわえして、ベロを当てながら、左右にデロデロに舐めても。

敏感な部分を刺激しながら上手に舐め上げよう

ペニスの中でも、亀頭の裏側で包皮が捩れたように接合した部分(小帯)、根本の方からそこに至るウラスジ、亀頭のカリ首の外周部などは、特に感じやすい部分。そうした敏感な部分を意識しながら、変化をつけて、ペニスを舌で上手に舐め上げてあげれば、男性に大きな快感を与えることができます。ウラスジは、カリ首のところまで舌先でツーっと何度も舐め上げたり、一番敏感な捩れた部分では舌先をレロレロ動かすととても効果的。かと思えば、たっぷり唾液のついた舌で大きく舐めても。たっぷり舐め上げてあげましょう。

口に含んでゆっくりピストン

カレの感じ具合を見ながらスピード調整！

カレのペニスを口に含んでのピストン運動、それこそフェラチオの醍醐味です。スピードや締めつけ具合、方向などに変化をつけて。

➡最初は亀頭全体をやさしく包み込むように口に含む。丸くした唇でやさしく締めてあげても。

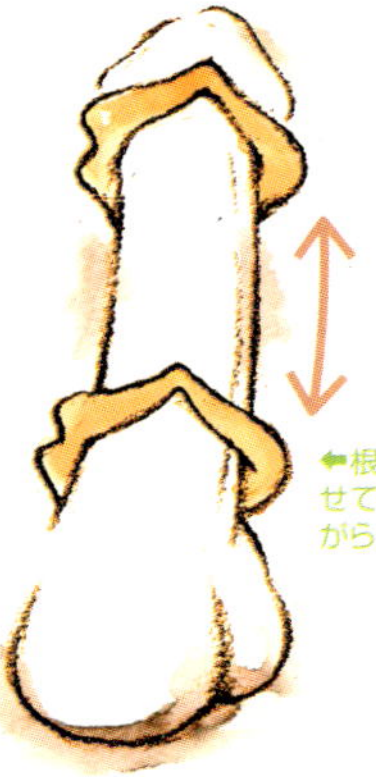

⬅根元から亀頭へと口を上下させて愛撫を。カレの反応を見ながらスピードに変化をつけて。

やさしく包み込むように口に含んでピストンを

触ったり、キスしたり、舐め上げたり、そんな愛撫でカレがたまらなそうになったら、カレのペニスをそっと口に含んであげましょう。最初は亀頭全体を口でポワッとやさしく包み込むように含み、丸くした唇でそのままキュッとやさしく締めてあげてもいいでしょう。口に含んだら、最初はゆっくりと一定のリズムで、ロングストロークで上下に動かします。口の中を唾液でいっぱいにして、唇をほどよくすぼめるようにして。舌を当てのストロークも刺激的。カレの反応を感じながら運動を続けます。ただし、歯が当たると痛いので、それには注意。

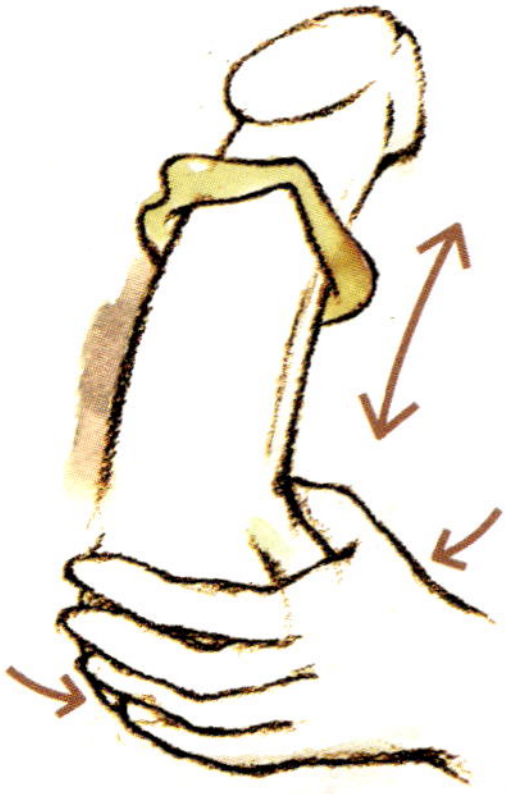

⬆口に含んでピストンをしながら、同時に手で陰のうをやさしく揉んであげると感じます。

さらに刺激的なオプション

いっぱいいっぱい感じてほしいから…！

ピストン運動にひねりや引っ張る方向の変化を加えたり、口の中で同時に舌を動かしたり…。刺激的なオプションを加えましょう。

ピストン運動にいろんな刺激を重ねて愛撫を

口に含んでの普通のピストン運動に慣れたら、さらに刺激的なオプションを加えて、カレにもっと感じてもらいましょう。たとえば、亀頭部への愛撫。口に含んだ亀頭にベロンと舌を押し当てた状態で顔を右に左にと大きく回転させます。また、ストロークしながら口の中で舌をレロレロ動かしての愛撫。ウラスジのカリのあたりには特に有効です。それからディープスロート。ペニスを吸い込むように深くくわえて口をすぼめ、口の中に隙間をつくらないようにして奥まで強烈なピストンを。最初はやさしく、それから激しく、いろんな刺激を楽しんで。

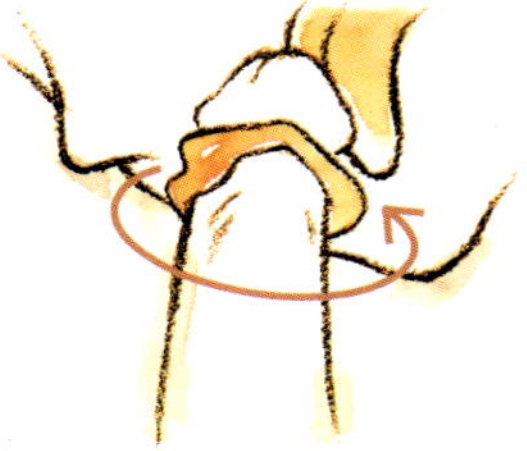

⬆亀頭を口に含んで舌を押し当て、顔ごと左右に回転させる。ひねられるような感じもいい。

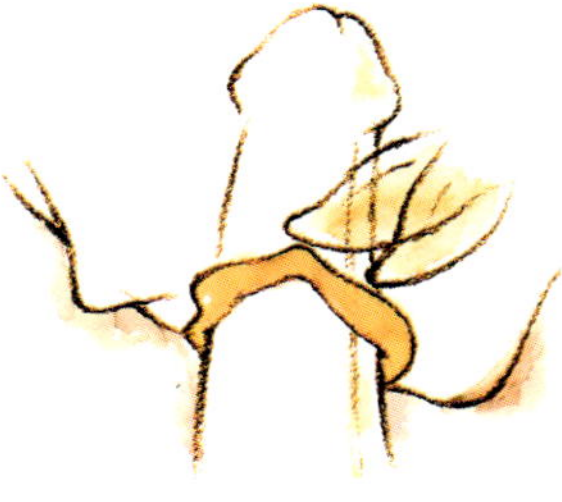

⬆ピストンしながら口の中で上手に舌を使う。特にウラスジをレロレロしながらは効く！

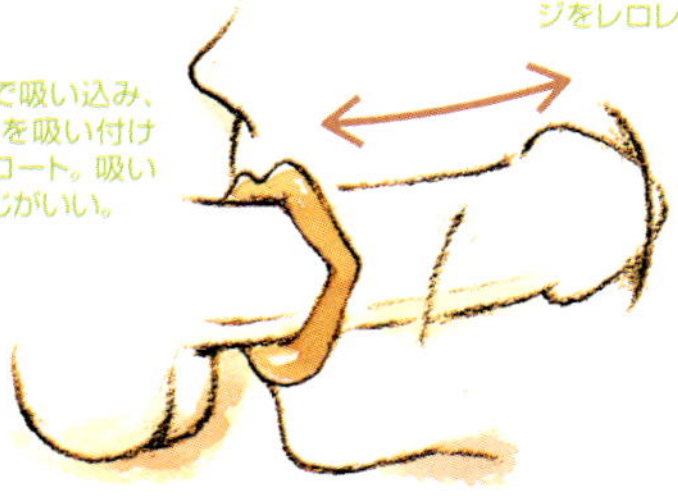

➡奥深くまで吸い込み、口内の粘膜を吸い付けるようにスロート。吸い込まれた感じがいい。

III

カタチランド

一緒に『IKU』──愛のカタチランド

LOVECATION

どんな体位で愛し合うのがふたりのお気に入り？　感じ合える愛のカタチがいっぱいあるほど、素敵なエッチが増えていく。

1 体位を知りたい！

体位によって変化する挿入の角度や深さ、密着感

キスを楽しみ、お互いにお互いを愛し合って、ふたりが充分に高まったら…、もちろん一つになりたい。カレは彼女の中へと、彼女もきっとカレを迎え入れたいと思うはず。そこで挿入するときの、いろいろなカタチ、カラダや性器の合わせ方を体位といいます。

女のコが仰向けに寝て、カレが覆いかぶさるように重なる正常位。女のコが四つんばいになってカレが後ろから入れるのが後背位…と、数え上げれば、体位の数

感じ合えるカタチ、

正常位、騎乗位…松葉崩し!?　体位の種類は多いけど、それにはちゃんと意味がある。感じ合うためのカタチ。そのポイントを知ろう。

は実に多種多様です。
　それだけの体位が存在するわけは、もちろんただの物珍しさではなく、ポイントは、体位によって挿入の角度や深さ、動かし方、密着感、等々が変化するということ。つまり、一口に挿入といっても、体位によっていろいろな感じ合い方のバリエーションがあるということです。そして大切なのは、その中で、ふたりにとって気持ちいい、感じ合えるカタチを見つけること。その発見の数だけ、きっとふたりのエッチも豊かになっていくはずです。

どんなふうに入れたら気持ちイイ？

挿入の仕方にも変化をつけて…

挿入は、ただ入れて動かせば相手も気持ちよくなるというものではない。感じる動き、ポイント、リズムというのがちゃんとあるのだ！

激しく深いピストンが気持ちイイとは限らない

体位そのものを知る前に、まずきちんと知っておきたいのは、挿入の仕方について。挿入といえば、ただやみくもに激しくピストン運動をすれば女のコも気持ちイイと思っている人がいるとしたら、それは大きな間違い。むしろ最初はじんわりと焦らされるくらいの挿入の方が感じる女のコが多いのです。それと大切なのは、刺激するポイント。男性器の入る角度や当たる場所によって感じ方だって変わります。リズムや動き方に変化をつけながら、敏感な部分への刺激を意識して…。それだけで、今までよりずっとよくなるはず。

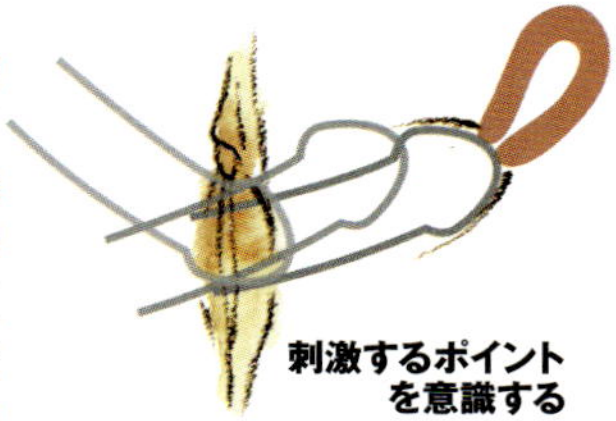

刺激するポイントを意識する

クリトリス、膣口周辺、Gスポット、膣奥など、感じるポイントを意識してピストンを。

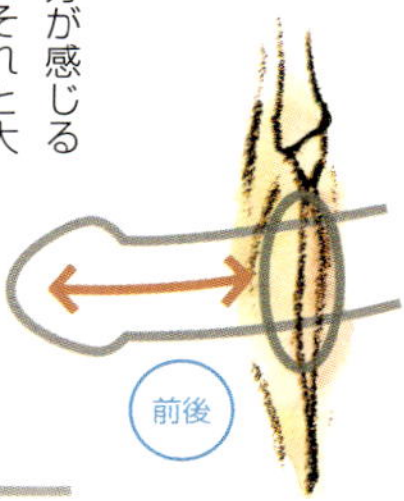

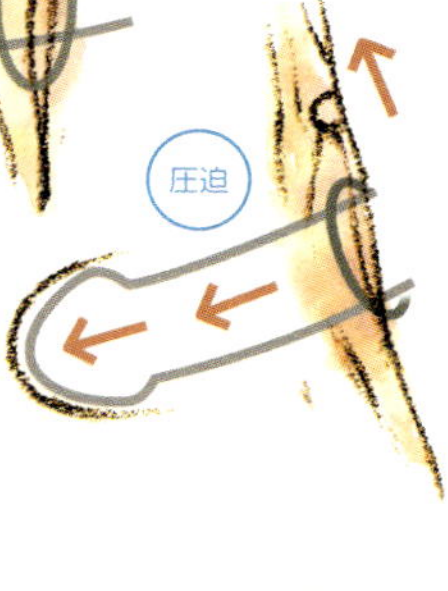

動きにバリエーションを

単純な前後運動でなく、斜めの動きや回転運動、圧迫するなど変化をつけた動きで刺激を。

リズムに変化をつける

浅く浅く深く、浅く浅く深くなど、性感を高めながら、強い刺激を織り交ぜていくと有効。

どんなふうにしたら気持ちイイ？

カレももっと気持ちよくなる！

エッチのとき動くのはカレだけ…だとしたら、なんてもったいない！　ふたりで息の合った動きをすればもっと全然気持ちよくなる。

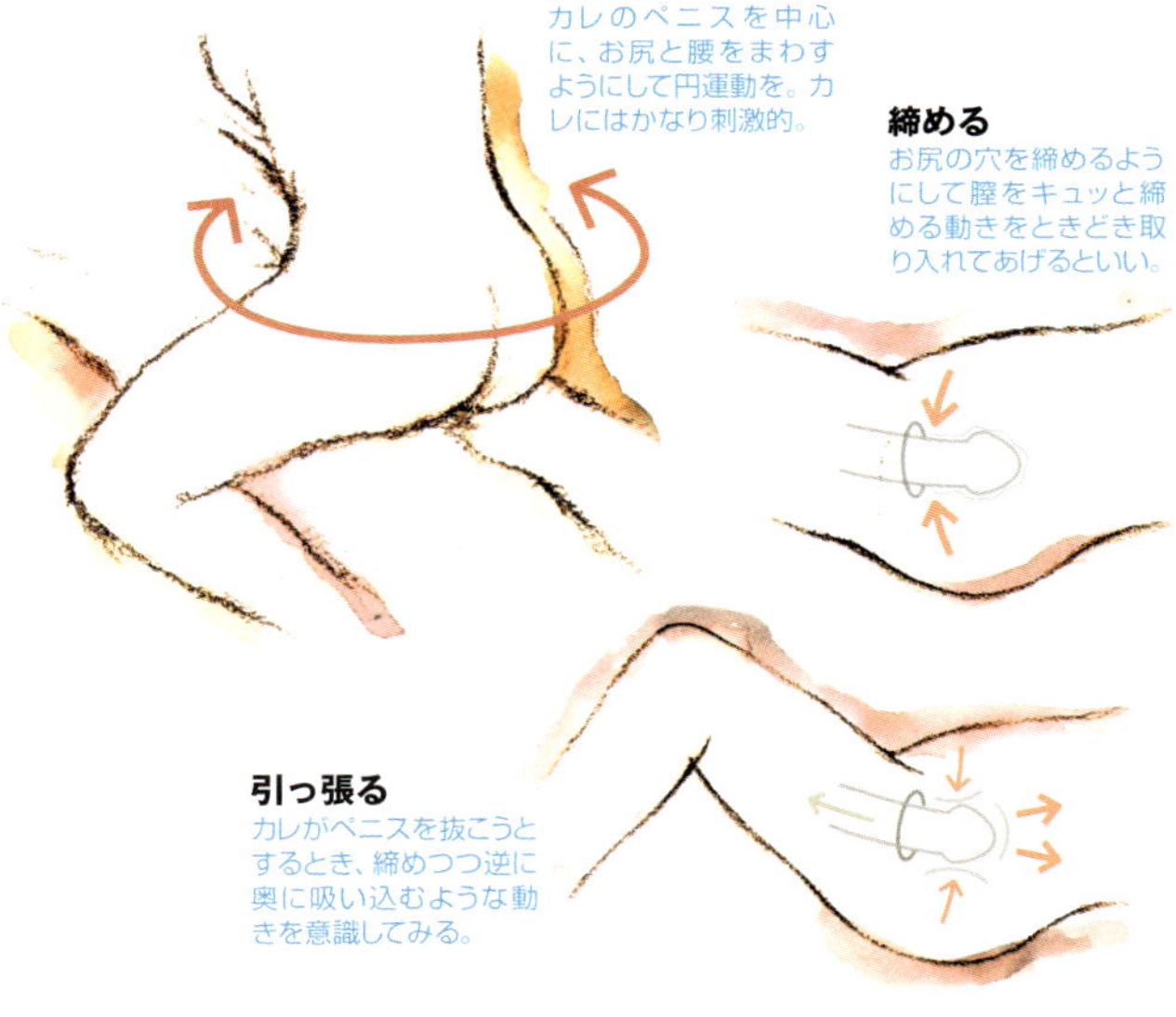

円運動
カレのペニスを中心に、お尻と腰をまわすようにして円運動を。カレにはかなり刺激的。
締める
お尻の穴を締めるようにして膣をキュッと締める動きをときどき取り入れてあげるといい。
引っ張る
カレがペニスを抜こうとするとき、締めつつ逆に奥に吸い込むような動きを意識してみる。

カレのものを包み込むようにして円運動を

エッチのとき、カレの動きを受け止めるだけでなく、状況に応じて女のコも積極的な動きをしていけば、カレもあなたもさらに気持ちよくなるはずです。中でも、いろいろな体位の中で、ぜひ取り入れていくことがおすすめなのは、ペニスを中心に腰をまわすようにした円運動。カレの前後運動と合わせて行うことで、カレにとってもあなたにとっても快感がグッと高まるはず。さらにお尻の穴に力を入れて、キュッキュッと膣を締めてあげるようにすると、カレはたまらずにイキそうになるかも。ふたりでタイミングを合わせて。

基本の体位①

正常位

密着度の高さと安心感が人気の秘密

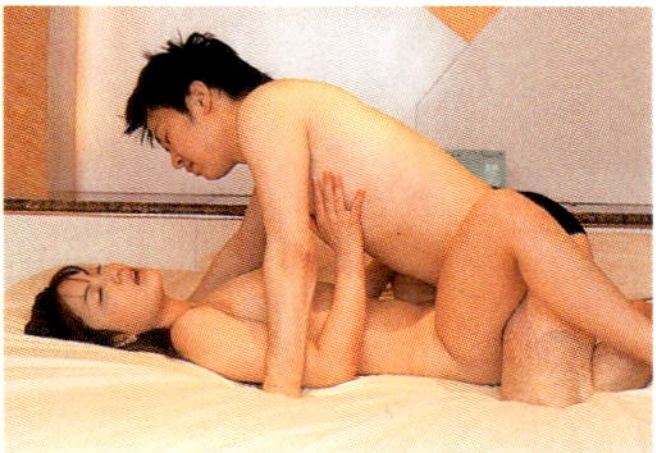

女のコが仰向けになって脚を開き、その上に男性が重なるようにして挿入する体位。もっともポピュラーで人気が高い基本の体位といえます。カラダの密着度が高いことと、対面して見つめ合えたり、抱き合えることなど、一体感が味わえるのが大きな人気の秘密。基本的に、男性から挿入し、腰を突き出すようにして動かし、挿入をコントロールします。挿入もしやすく、自然なので、スタートの体位としてもよく、また、安定感も高いのでフィニッシュの体位としても好まれています。女性の脚の開き加減や上げ加減で、挿入の角度や深さなどの調整も可能なので、自分たちにとって一番いいスタイルを探してみては?

正常位のポイント

バリエーションを楽しむ

基本の体位のなかでも、もっともバリエーションの多いのが正常位。女性の脚の開脚・閉脚、まっすぐ伸ばした形、足を持ち上げ腰を屈曲した形、腰を高く持ち上げた形…と実にさまざま。そのそれぞれで挿入の角度や深さ、外性器への刺激などが異なることがポイントで、より感じやすいバリエーションを探したり、エッチの過程で変化を楽しんだりすることもできる。また、足を絡めたり、抱きしめ合ったり、キスしたり、お互いの気持ちを伝え合うアクションを自然に楽しめるのもうれしい。

正常位でのさまざまな動き①

腰を密着させて動く

正常位で最初に奥まで挿入したら、いきなり動かずに、グッと腰を密着させて、お互いに挿入の感覚を味わってみてはどうだろう？

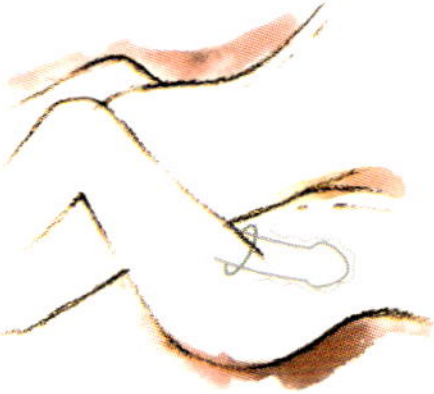

ペニスを奥まで入れたらそのまましばらく動かない。ペニスと膣が馴染む感じが気持ちいい。

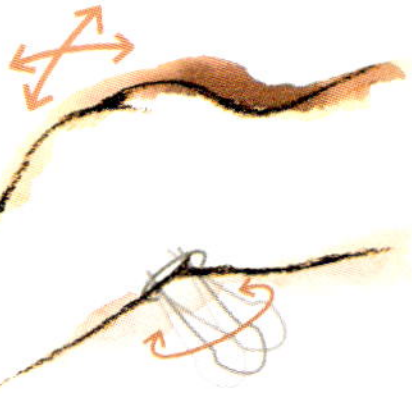

腰を密着させ、深く挿入したまま、膣内をかき混ぜるように回転運動を。膣口も刺激される。

ペニスと膣を馴染ませることで気持ちよくなる

正常位の挿入で、最初に奥まで入れたら、まずはそのまま動かず、グッと腰を密着させてみましょう。じっと焦らすようにしていると、ペニスと膣がじんわりと馴染み、ヒタヒタと吸い付くように感じられて、たまらない気分がしてくるはず。また、グッと圧迫するように押し込むと、恥骨がクリトリスに擦れ、それもいいはずです。動き出すときは最初はピストン運動はせずに、深く挿入したままで、腰を上下左右に動かして、グルングルンと膣の中をかき混ぜるように回転運動を。膣内の性感が目覚めるようにして、快感が上昇していくはずです。

奥まで挿入し、彼女のお尻を両手で引き寄せるようにして、腰と腰を密着。恥骨とクリトリスも擦れる感じ。

正常位でのさまざまな動き②

クリトリスを刺激する挿入

亀頭でクリトリスを擦るようにしながら、浅い出し入れを繰り返す。入口周辺の刺激と、焦らされるような感覚がたまらないはず。

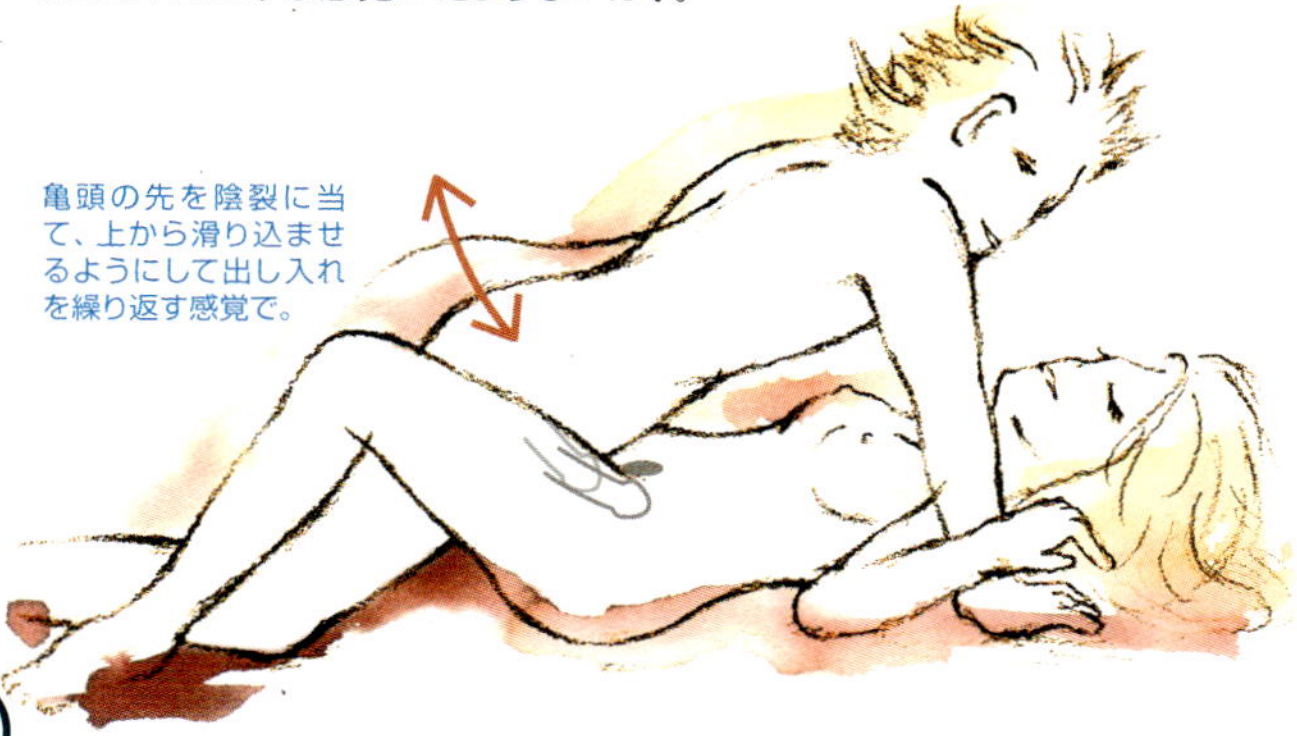

亀頭の先を陰裂に当て、上から滑り込ませるようにして出し入れを繰り返す感覚で。

彼女がより濡れてくると、出し入れとともにジュポジュポした感覚もしてお互いに刺激的。

膣入口付近を焦らすように愛撫する感覚で

膣内の性感では入口付近というのも敏感な部分。男性はともすると奥の方をグイグイ突きたがる傾向がありますが、亀頭でクリトリスを擦ったり、入口付近を刺激する浅い挿入を上手に取り入れるととても刺激的です。男性は腕を立てて体重を支え、ペニスの先端をそっと陰裂にあてがうようにして、クリトリスを擦り、ペニスの先を滑り込ませます。浅い挿入で膣上壁を刺激したあと、擦るよう引き抜き…という具合で挿入を繰り返します。スピードは速くし過ぎないように。気持ちよさと同時にどこか焦れるような感覚が彼女を夢中にするかもしれません。

正常位のバリエーション①

Gスポットを集中的に刺激する

膣内でももっとも敏感といわれるGスポットに狙いを定め、短く早いストロークで刺激を繰り返すことでどんどん感じていくはず。

ピンポイントで繰り返す短く早いストローク

男性は女性の脚の間に正座をするようにして座り、浅めの挿入で女性の膣上壁（Gスポット）部分を狙います。女性は膝を曲げて脚を開き、やや腰を上げて突き出すように、場合によっては腰の下に枕などを入れて角度をつけるようにするといいでしょう。その体勢で、男性はGスポット部分を擦るようにして、前後に短く早いストロークを繰り返します。他の場合もそうですが、気持ちいいリズムがつかめたら、その刺激をじっくり繰り返して行うことが効果的。特にこの体位では、女性は敏感な部分を長く繰り返し刺激されることでどんどん高まっていくはずです。

挿入は奥まで入れる必要はなく、短く素早いストロークで刺激を続けることがポイント。
この体位では、ペニスと女性器との角度が大切。ちょうどいいポイントに当たるように調節を。

正常位のバリエーション②

伸展位・屈曲位

脚を閉じたり、持ち上げて腰を深く屈曲させることで全然違う刺激が。いろいろ試しながら彼女のイキやすいカタチを探してあげよう。

伸展位

脚を閉じ、膝を伸ばしたカタチの伸展位。イクときは脚を閉じた方がいいという女のコも。

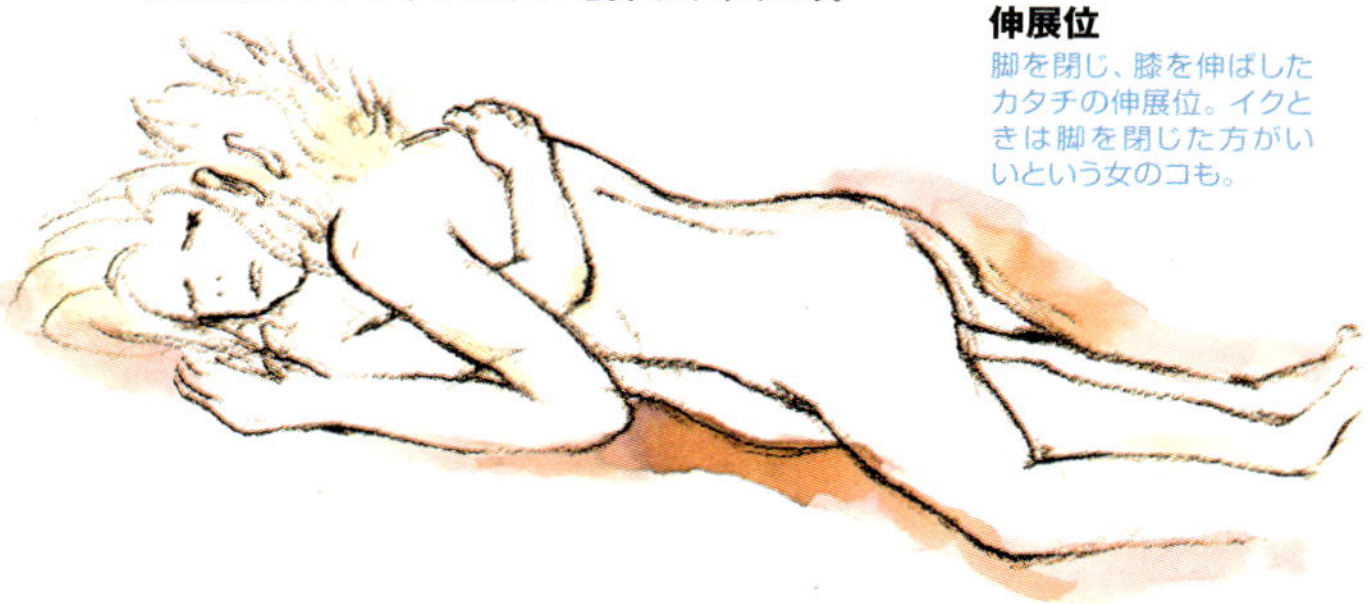

深い挿入が可能な屈曲位では心理的効果も見逃せない

正常位のバリエーションでは、脚の開閉と伸展、あるいは持ち上げた脚の位置も大きなポイント。女性が脚を伸ばして閉じた形が伸展位、男性が女性の足を持ち上げ、腰を屈曲させるようにした形を屈曲位といいます。伸展位ではペニスを挟み込むようになるため、女性器の受ける刺激が1ヵ所に集中し、また外性器も擦れてよく刺激されるのが特徴的。屈曲位では、より深い挿入が可能になって、膣奥への刺激を与えるにも好適。また、アソコを大きく持ち上げられ、圧迫されることで、ちょっと恥ずかしいような心理的効果も見逃せないポイントです。

腰が上がり、ペニスが深く挿入されるので、膣奥やGスポットへの刺激も与えやすい。

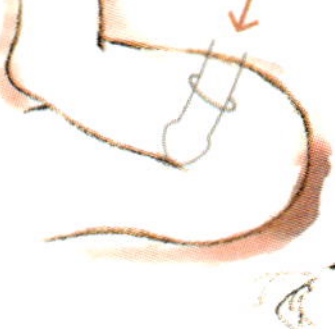

屈曲位

足の高さや屈曲の度合いでまた感覚が異なる屈曲位。奥までの深い結合を得たいときに。

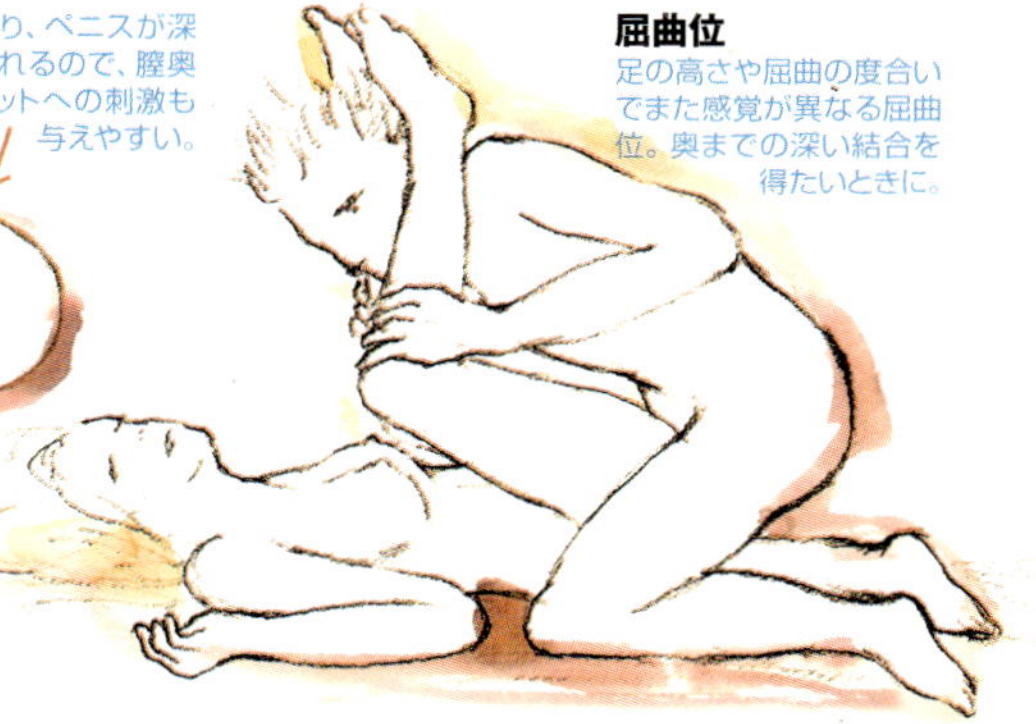

正常位での女性の動き

角度を変える・腰を使う

彼氏ばかりにまかせてないで、女のコからも積極的な動きをしてみましょう。呼吸が合えば、お互いにもっともっとよくなります。

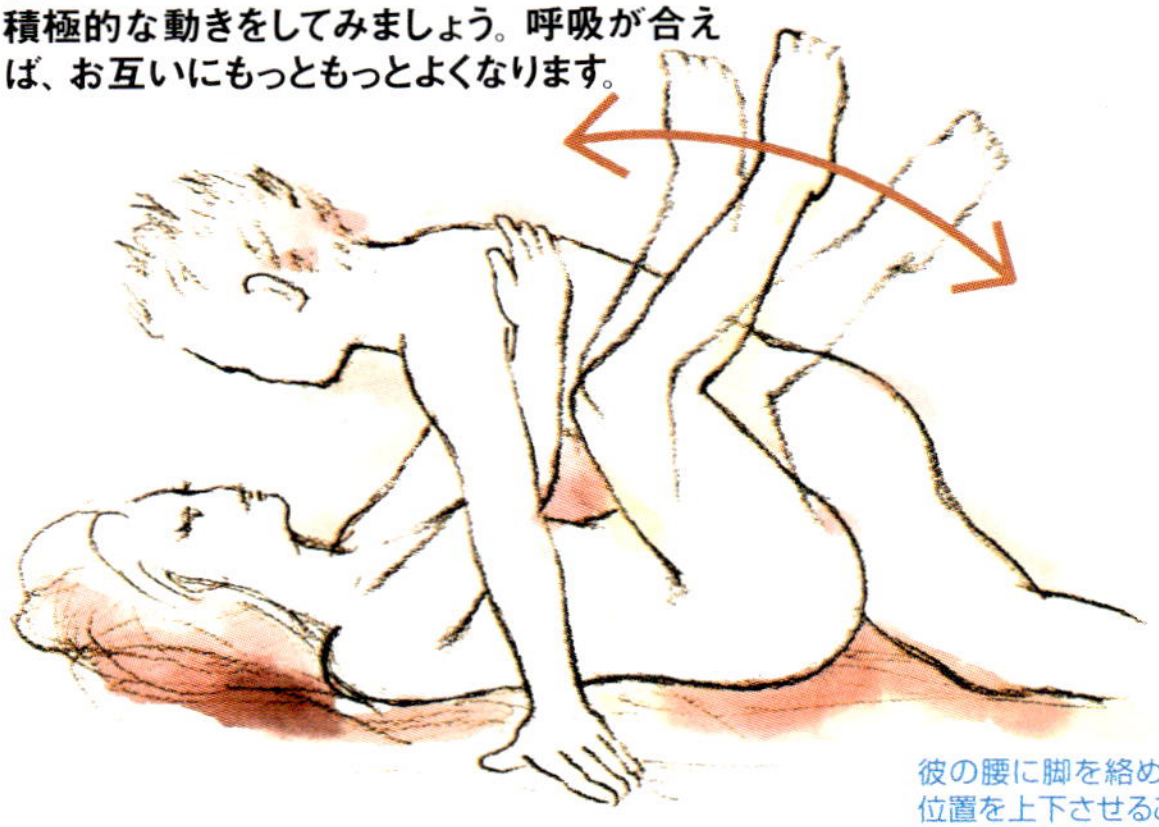

彼の腰に脚を絡め、位置を上下させることで気持ちのいい角度を見つけるのもおすすめ。

気持ちいいポイントを求めて お互いに動くのがいい

女のコにとっては、ペニスの当たりどころによってとてもよかったり、あまり感じなかったりということがあるはずです。そこで正常位では、女のコの方からも積極的に、足の位置を上げたり下げたり、ちょっと開いたり閉じたりして、気持ちいい角度や場所をコントロールしてみることがおすすめ。あなたが感じればカレの興奮度も増し、さらによくなるはず。また、腰を少し浮かすように持ち上げて、前後に動かしたり、クルンクルンとまわすように動かしてカレのペニスを刺激してみて。タイミングがつかめれば、カレはかなり気持ちよさそうにするはず。

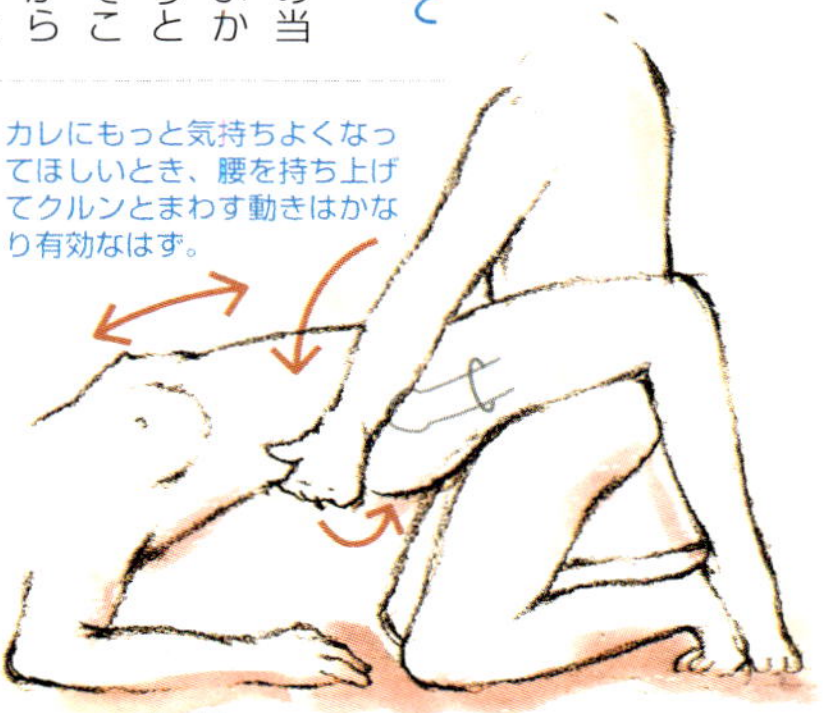

カレにもっと気持ちよくなってほしいとき、腰を持ち上げてクルンとまわす動きはかなり有効なはず。

基本の体位②

騎乗位

女のコが快感をコントロール！

仰向けに寝た男性の上に女のコが馬乗りになるようにして挿入する形が騎乗位。女のコが上になることで女性上位ともいいます。なんといってもその大きな特徴は、上に座った女性が腰を上下に動かしたり、円を描くようにグラインドさせたり、女のコが主導権を握って動けるというところ。挿入の深さや角度も自由自在に調整して、自分の気持ちイイポイントを探ることができるはず。下になった男性は、自由な両手で彼女の乳房やクリトリスを愛撫したり、腰の動きをサポートしたり、あるいは彼女の動きに合わせて下から突き上げるような動きを加えてみてもOK。最近は男女ともにより人気が高まっている体位でもあります。

騎乗位のポイント

グラインドを充分に！

騎乗位では、男性器を深く包み込むような感覚を与えることができ、また、前後、左右、斜めにと、どの体位より女性が自由に大きく腰をグラインドできるのがポイント。円運動はもちろん、腰を前後させるとき、クリトリスをカレの恥骨に擦りつけるようにするのもおすすめです。女のコは下になったカレの様子を見ながら、スピードを調整してあげるのも刺激的。この体位で感じてくると女のコは自然に腰が動いてしまうかも。その動きをヒントにすれば、感じるポイントもよくわかります。

騎乗位でのさまざまな動き①

上体を前後に揺する

女性はクリトリスを押し付けるようにして腰を動かし、前後運動を。上下運動に劣らない刺激となり、ふたりとも快感に包まれます。

クリトリスを擦りつけるように腰を前後に動かす

騎乗位での動きでぜひマスターしたいのが、この腰を前後に振る動きです。接合部を軸にして、彼女の上体を前後に揺する、もしくは女のコ自らがそうした動きをするようにします。クリトリスを男性の恥骨に押し付けるような感じで動かすのがコツ。その際、お尻の穴を締めるようにして前にせり出し、緩めながら戻すというようにすると、男性はペニスを絞り込まれるような感じを受け、お互いの快感ともかなりの上昇曲線を描いていくはず。この前後運動は、男性のペニスに対しても、自然と上下運動に匹敵する刺激と快感を与えてくれます。

腰を前後に揺する動きは、クリトリスを刺激すると同時に、上下運動以上の快感を生む。

騎乗位でのさまざまな動き②

円運動

円運動はいろんな体位で有効ですが、女性が自由に動ける騎乗位では特に効果的。大きな腰遣いでカレを虜にしてしまいましょう。

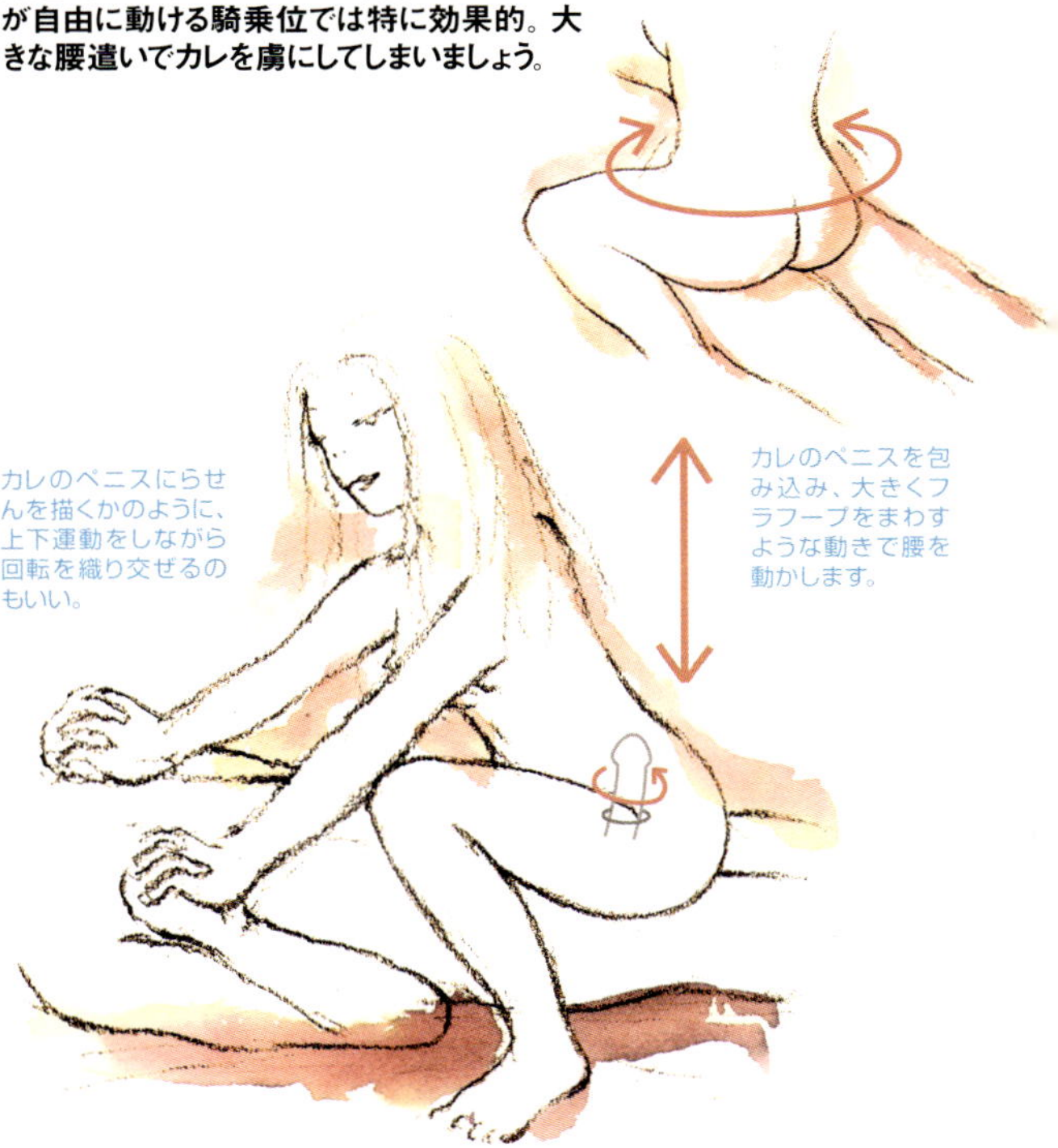
カレのペニスを包み込み、大きくフラフープをまわすような動きで腰を動かします。
カレのペニスにらせんを描くかのように、上下運動をしながら回転を織り交ぜるのもいい。

ペニスを中心にフラフープをまわすように

ふたりでともに快感を分かち合えて、身震いするくらい気持ちいい、騎乗位ならではの動きはといえば、円運動です。女のコはカレのペニスを根元まで膣に包み込み、ペニスを中心にフラフープをまわすかのように腰をまわします。カレと一緒にさらに快感を高めていきたいと思うなら、徐々に腰の回転を速めたり、しゃくり上げるように上下運動を織り交ぜたり、腰を突き出すように振ってダンスをするように円運動をします。また、回転させながらリズミカルに膣を締めたりしても効果的。カレの様子に合わせ、スピードを緩めたり速めたりしましょう。

騎乗位のバリエーション①

浅めの挿入で楽しむ

ペニスを奥まで沈めることなく、浅い挿入で出し入れを味わいます。どのくらいの挿入が気持ちいいか確かめて、動きを繰り返します。

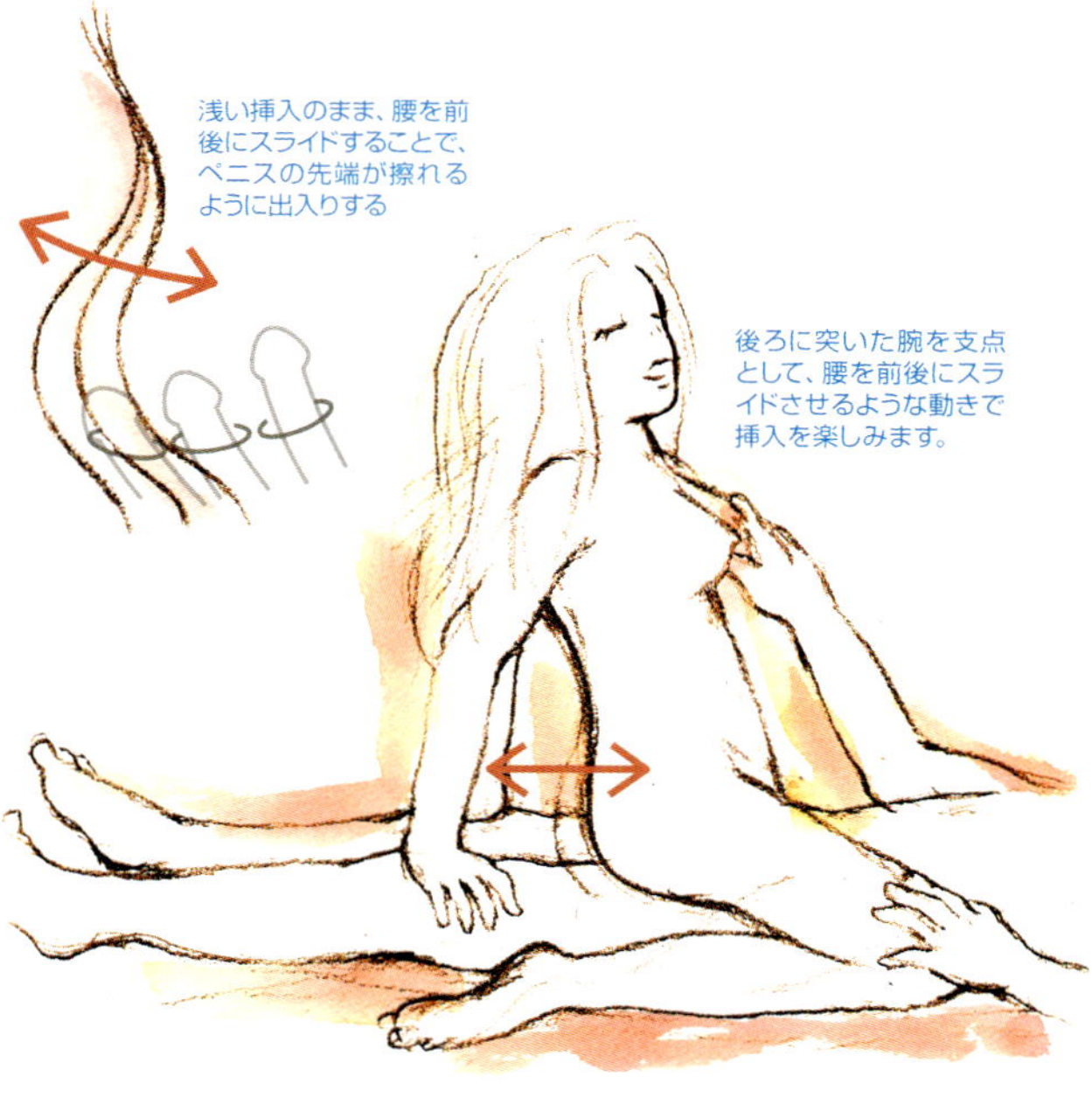
浅い挿入のまま、腰を前後にスライドすることで、ペニスの先端が擦れるように出入りする
後ろに突いた腕を支点として、腰を前後にスライドさせるような動きで挿入を楽しみます。

ペニスを浅く受け入れ腰を前後にスライドさせる

騎乗位では、女のコが好みに応じて男性のペニスを味わうように動くことが可能です。クライマックスに向けては、ペニスを包み込むように深い挿入もいいですが、先端部だけを浅く入れて出し入れするような動きもとても刺激的で、オーガズムにつながります。女性は後方に腕をつくようにして体重を支え、ペニスを浅く受け入れます。そのまま前後に腰をスライドさせるように動くことで、ペニスがクリトリスを擦りながら抜け、ふたたび膣に入るという繰り返しで、浅い出し入れを楽しめます。どのくらいの深さの挿入が気持ちいいか確かめてみましょう。

騎乗位のバリエーション②

抱きつき騎乗位

上になった女のコが男性に抱きつくような形の騎乗位。女のコがクイクイっと弧を描くようなお尻の動きを繰り返すことがポイント。

カラダを密着させ腰を上手く使った動きを

仰向けになった男性の上に、女のコはうつ伏せに抱きつくように重なって、ペニスを挿入します。ちょうど正常位の伸展位の反対のような感じで、挿入は浅めですが、カラダを密着させることができる騎乗位です。上になった女性は、ヒップをクイッと持ち上げるようにし、それから腰を起点に弧を描くように、前に出してペニスを受け入れます。ちょうどペニスの先端が膣入口付近から上壁（Gスポット）を擦りつけるような感じ。動き続けると、じんじんとたまらない感じで高まっていきます。男性はそんな彼女をそっと抱きしめてあげましょう。

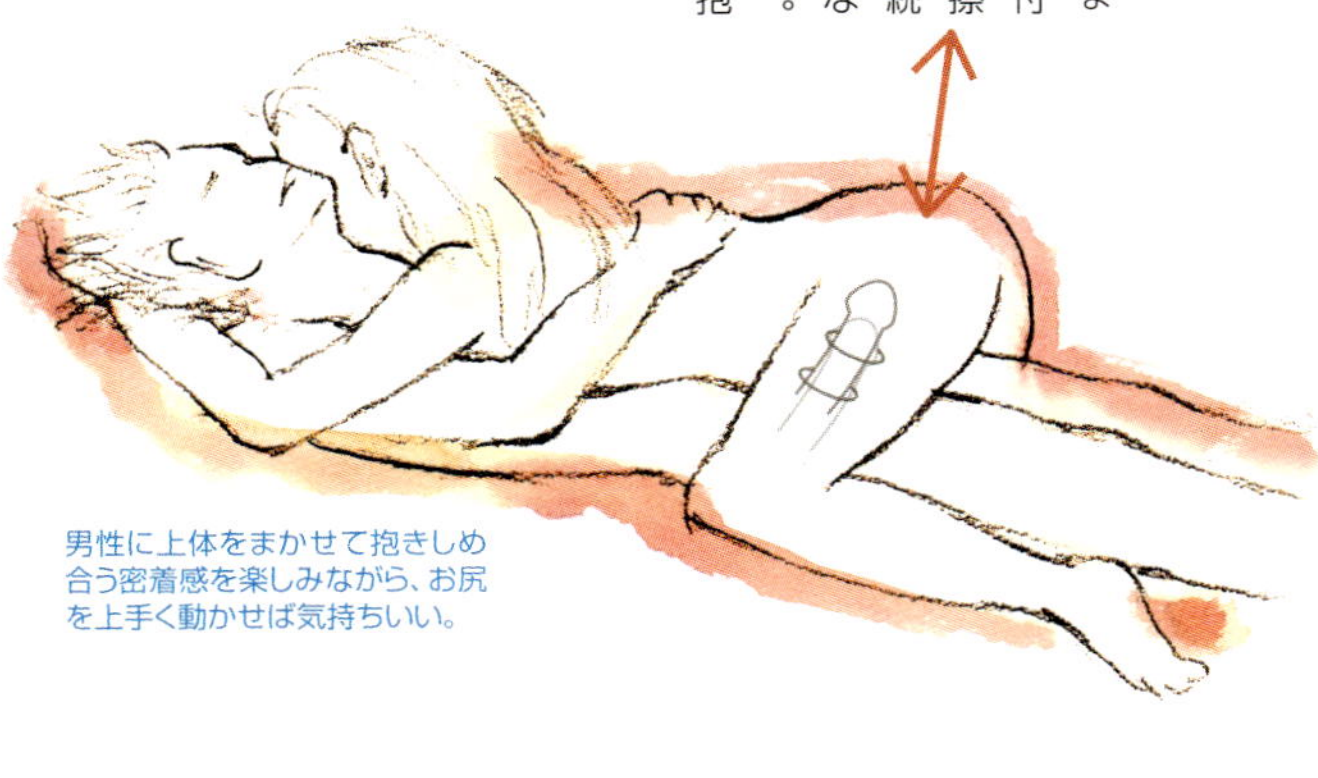

男性に上体をまかせて抱きしめ合う密着感を楽しみながら、お尻を上手く動かせば気持ちいい。

基本の体位③

後背位

ワイルドな気分に身をまかす！

女のコが四つんばいになって、男性が後ろから挿入する形が後背位。〝バック〟と呼ばれることが多いのもこのスタイルです。女のコは男性に対して無防備にお尻を突き出すような形になり、動物的な形でもあることから、案外好みは分かれるところ。ワイルドな気分が大好きという人もいれば、恥ずかしくてちょっと苦手という人も。比較的深い挿入感が感じられ、膣奥がズンズン刺激される感覚も。女性の腰を固定して男性が前後に動いてもいいし、女性の腰を抱えて、手前にクイクイ引き寄せるように動かしてもいい。挿入の角度（当たり方）によって感じ方がずいぶん違うので、自分たちに合った角度を見つけることも大切。

後背位のポイント

深い挿入感を味わう

男性にとってはちょっとした征服感もあり、ワイルドな気分になれる後背位ですが、調子に乗ってただ激しく動くというのではNG。大切なのは、やはり当たりどころ。女性器が下つき（女性器のある位置が肛門寄り）の女のコだと、挿入もしやすく、挿入がGスポットを直撃しやすいので、後背位が好きなコが多いというくらいで、角度が大切。また、深い挿入感も魅力ですが、経験の浅い女性の場合、あまり奥を刺激されるとお腹が痛くなるという場合もあるので、注意してあげましょう。

後背位の角度

いろいろな角度で変化をつける

後背位では女のコの膣の位置やカレのペニスの形状など、ふたりの相性によって交わる角度を変え、気持ちいい角度を見つけるといい。

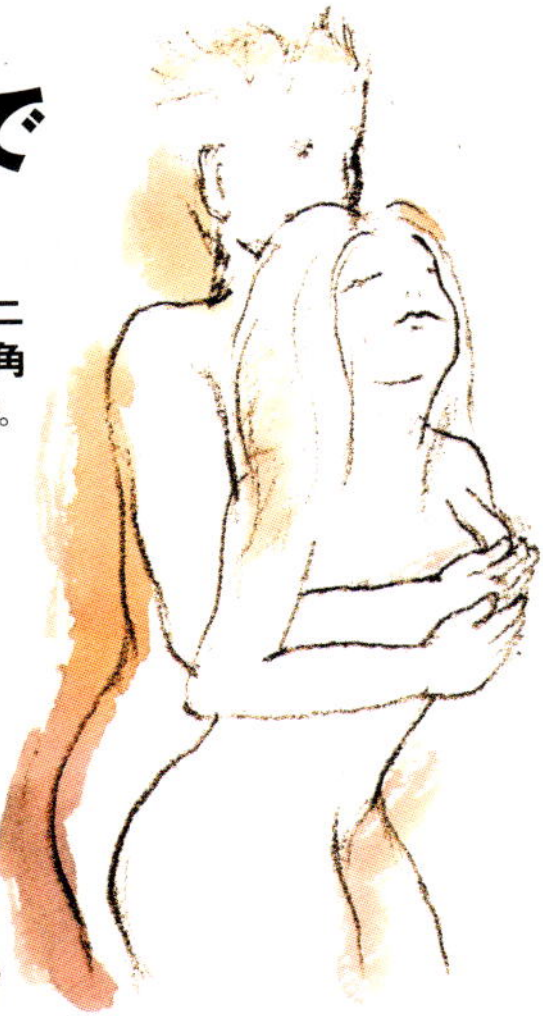

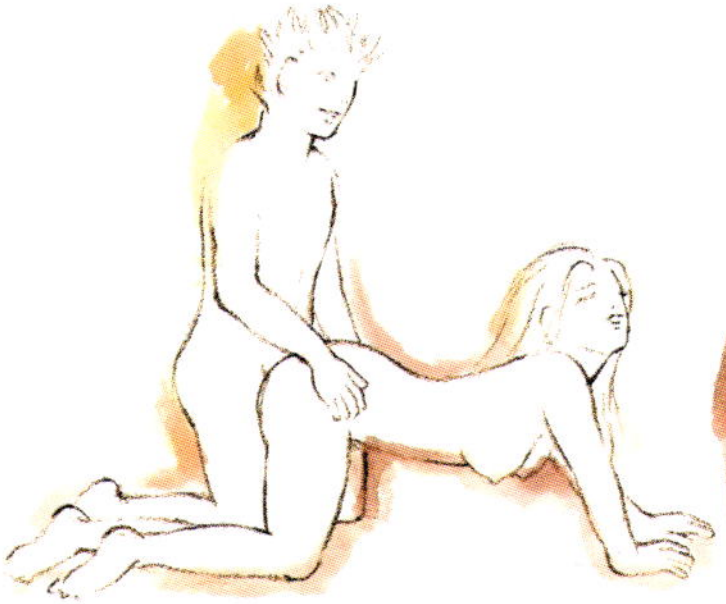

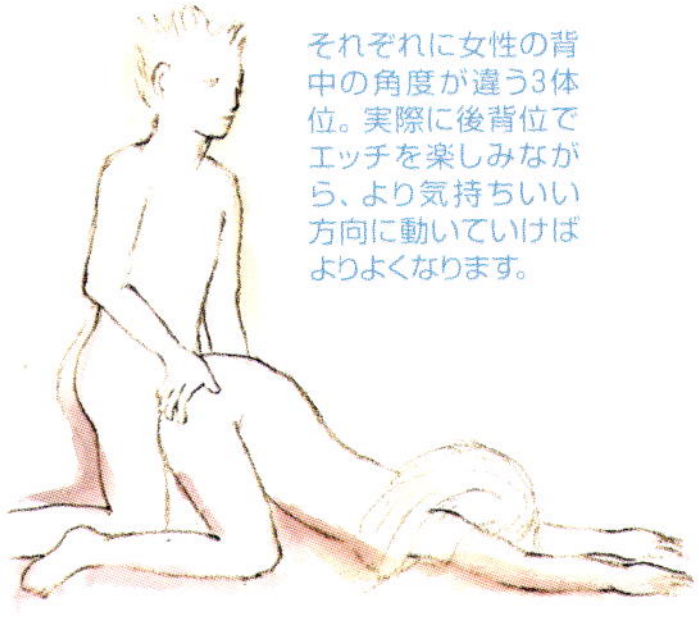

それぞれに女性の背中の角度が違う3体位。実際に後背位でエッチを楽しみながら、より気持ちいい方向に動いていけばよりよくなります。

自分にとって気持ちいい角度に上体を動かす

後背位では、女性の背中の角度(起こし具合)を変えることで変化をつけることができます。ひとくちに後背位といっても、女性の膣の位置が上つきか、下つきかや、ペニスの形状などによって、入れやすい角度や挿入したときに当たる角度はかなり変わり、感じ方も違います。ですから大切なことは、ふたりで調節して、一番気持ちいい角度を見つけること。彼女が上つきならぺったりつぶれてお尻を突き上げた形が好みかもしれないし、下つきなら上体を抱え込まれるのが好きというかもしれません。どの角度でどんなふうに突くのがいいかを探してみて。

後背位でのさまざまな動き

腰をまわす・振る

後背位では突き出したお尻を回転させて女性からも動くのがおすすめ。ときには男性は動きを止めて、女性だけが動くのも刺激的!

男性のピストン運動のリズムを意識しながら、ペニスを中心に大きく円を描く動きを。

男性のピストンに女性の円運動を合わせて動く

男性の方へお尻を突き出した形の後背位は、男性の体重がかからないこともあって、実はわりと自由に腰を動かすことができる体位です。男性が深く前後に動くのを受け入れながら、足、腰、お尻、ウエストを連動させて、大きく円を描くように腰をまわすと刺激的です。カレのペニスでクルクルと膣の中をかき混ぜるように、回転しながらカレのペニスを締めてあげるようなつもりで動きます。とても気持ちよく快感が高まるのはもちろん、目の前で回るあなたの腰の動きはカレを視覚的にも興奮させて、もっともっと熱くさせるかもしれません。

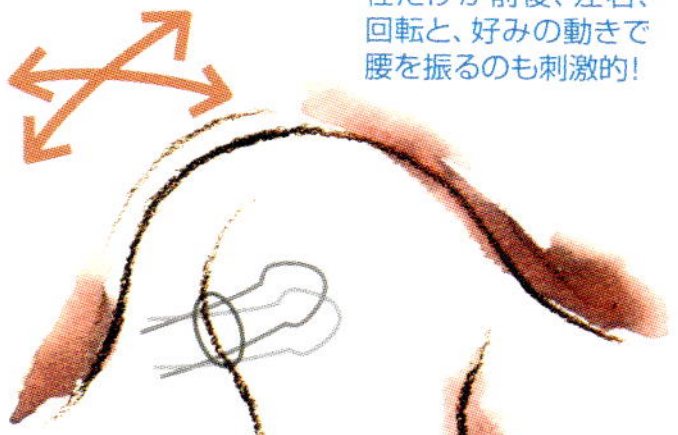

男性は動きを止め、女性だけが前後、左右、回転と、好みの動きで腰を振るのも刺激的!

後背位のバリエーション

抱きかかえ・つぶれバック

後背位のバリエーションをさらに3つ。後背位ではポーズによって心理的刺激も大きいのでそのへんも充分に意識して楽しみたい！

後ろから抱きかかえられ、愛撫されるのが好きな女のコにとってはかなり効果的なカタチ。

ふたりにとって一番しっくりくるカタチは？

バックで挿入後、彼女の腕を自分の肩に回して抱きかかえた体位では、後ろからの挿入と同時に、乳房やクリトリスなどを両手で愛撫できるのがポイント。よじれて抱き起こされた感じは、ポーズとしても刺激的。バックで挿入したまま、彼女の腰を持ち上げて引きつけるようにして密着させたバリエーションでは、彼女の腰を揺するようにして、膣内をペニスでかき混ぜます。下半身をグッと持ち上げられてホールドされた感覚が新鮮。完全にうつ伏せになった彼女に重なるようにして挿入したのがつぶれバック。この体位が好きという女性も案外多いようです。

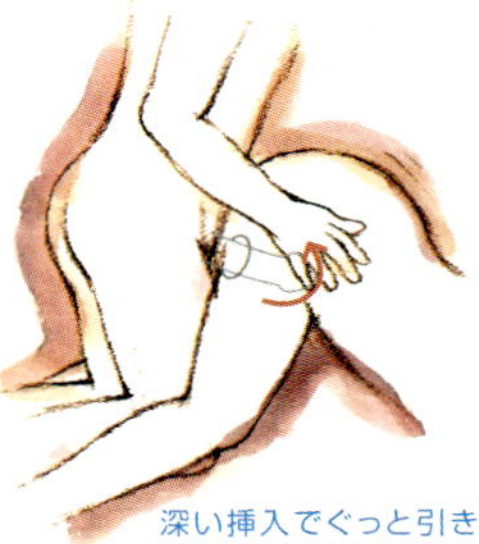

深い挿入でぐっと引き寄せられた密着感、持ち上げられ、自由を奪われた感じがミックス。

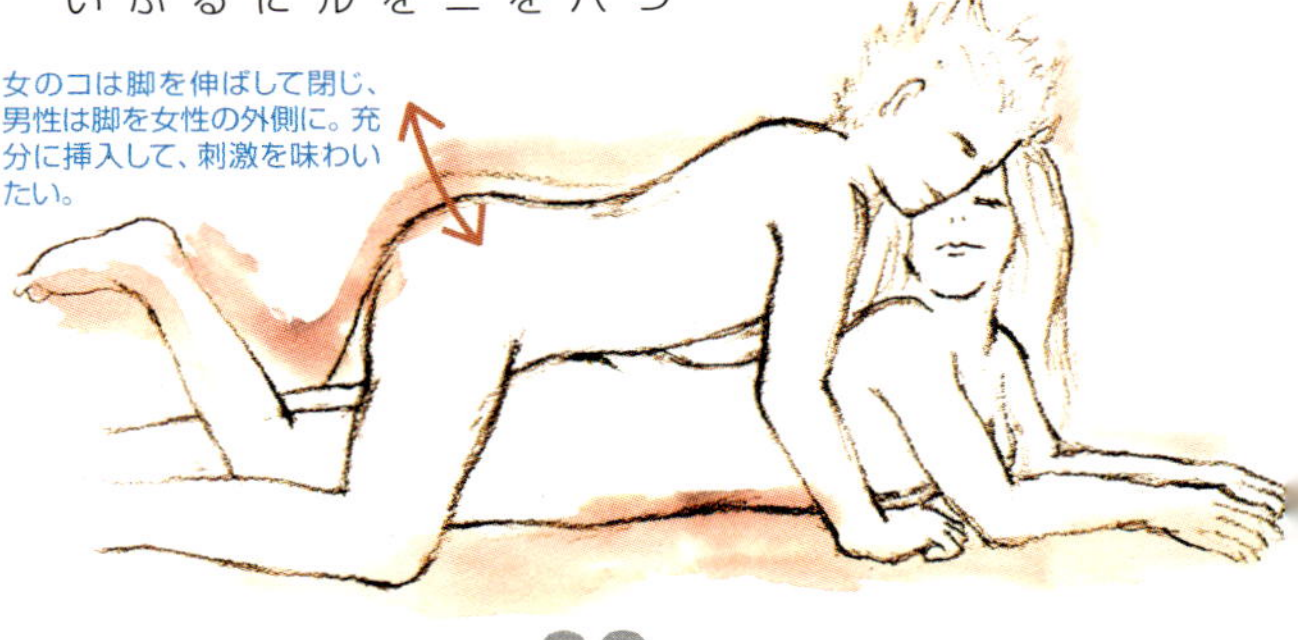

女のコは脚を伸ばして閉じ、男性は脚を女性の外側に。充分に挿入して、刺激を味わいたい。

基本の体位④

座位

吐息を感じるなかよし抱っこスタイル

座った状態の男性の上に、女のコが向かい合うようにしてまたがって、挿入した形が座位。最初からこの体位でスタートするよりも、正常位や騎乗位から身体を起こして移行する場合が多く、繋ぎの体位としても楽しめます。あまり激しい動きはしにくいですが、しっかり向き合えて、カラダの密着度が高いのも魅力。ピストン運動を楽しむというよりも、彼女のお尻を抱えて、ゆさゆさと揺さぶるようにしてお互いに挿入感を楽しむといいでしょう。応用編で、彼女が背中を向ける形でまたがれば、背面座位。こちらは背面から乳首や女性器への愛撫ができ、脚を広げたちょっと恥ずかしい形がかなり刺激的なスタイルです。

座位のポイント

キスや両手を使った愛撫を

エッチの途中で座位に移行したら、その魅力はやはりしっかりカラダを密着させて向き合えること。ふたりが繋がってることを実感したまま、抱きしめ合ったり、キスを充分に楽しんでみては。カラダを密着させて愛し合うのを楽しんだら、お互いにカラダを後ろに反らし、結合部を擦り合わせるように腰を動かしてみれば、また違った快感を味わうこともできます。激しい動きはしにくくても、ゆっくりと挿入感覚を楽しみながら動けば、ふたりでエッチな気持ちを充分味わうことができます。

座位の動きとバリエーション

ゆさゆさした動きで楽しむ

挿入後の密着感を楽しむのにぴったりなのが座位の特徴。その特徴を充分に意識して、動きやポーズを変化させていくというのが基本。

両腕で彼女の腰をホールドして手前にクイクイ。しっかり抱きしめ合いながら感じ合おう。

しっかり抱きしめ合って揺するような動きが効果的

対面座位では、まずしっかりと彼女のヒップを両手で抱え込むようにホールドしたいもの。しっかりとふたりのカラダを密着させ、安心感を与えて、肌と肌の感触を確かめ合います。そうして気持ちも高ぶってきたら、抱えたお尻をゆさゆさと手前に引き寄せる感じでゆすりながら動かすのがおすすめ。しっかり抱きついた彼女にとって、この動きが与える前後運動とバイブレーションはかなり心地いい刺激となるはずです。お互いの性感がさらに高まってきたら、彼女は背を反らし、ブリッジのような格好をしても。結合部の感触を確かめ合うように楽しんで。

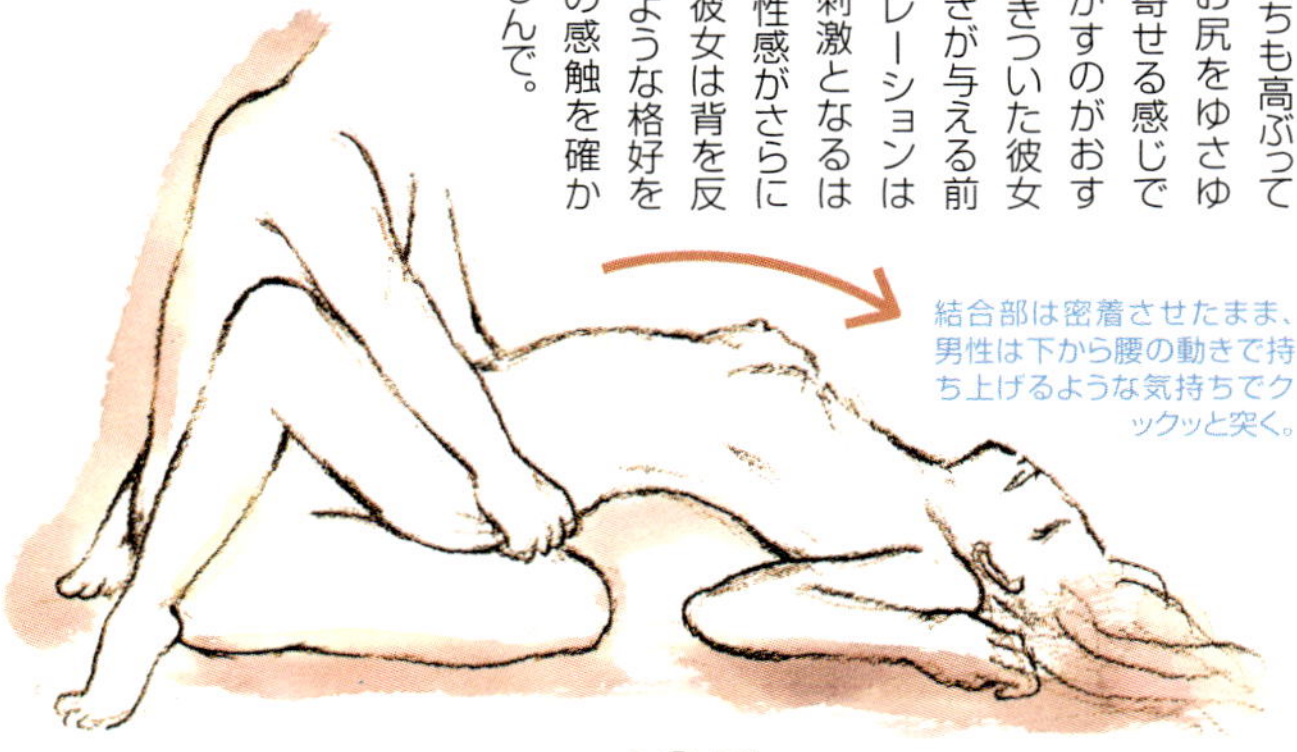
結合部は密着させたまま、男性は下から腰の動きで持ち上げるような気持ちでクックッと突く。

基本の体位⑤

立位

どこでもいつでも愛し合いたいときに

男性と女性が立った状態のままペニスを挿入するのが立位です。この体位の一番のよさは、もちろん場所を選ばないということ。室内でもベッド以外の場所や、野外でどうしても愛し合いたくなったときにも、このスタイルなら即OKです。ただ、女性の方が身長が低いことが多いため、挿入時には女性器をインサートしやすい位置に合わせることが必要。女性がどこかに軽く寄りかかったり、カレの首に手をまわしたりしながら、彼女の片脚を男性が持ち上げるようにしたり、両足を男性の腰に絡ませてしがみつくようにすると挿入しやすくなります。

立位のポイント

男の力強さが求められる!

いろんなシチュエーションで楽しめて、刺激的な体位だけど、気をつけなければいけないのは、立位はバランスを崩しやすいということ。どうしても立ったまま女のコのカラダ(体重)を支える形になるため、男性には力強さが要求されます。どこか女のコのカラダの一部を壁などに預けて安定させるといいかもしれません。対面の立位の他に、女性が壁などに手を突き、男性が背面から挿入する後立位(立ちバック)もあります。これも刺激的で、また比較的挿入しやすいという利点もあります。

基本の体位⑥

側位

リラックスして抱きしめ合う!

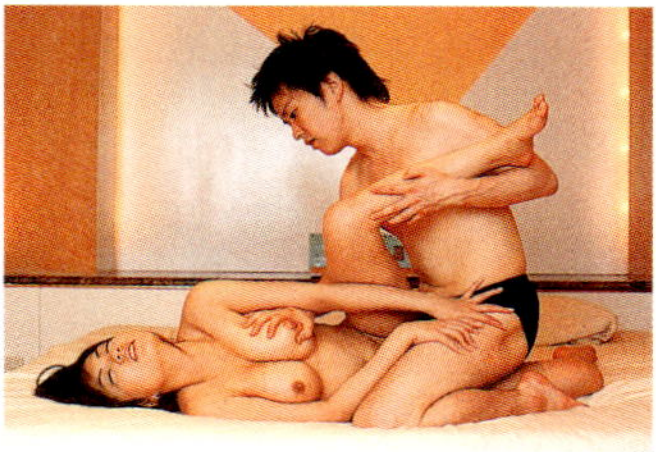

お互いが横向きに寝そべった状態で挿入する形が側位です。ふたりが向き合った形で挿入すれば対面側位、女性の背後から挿入する形なら後側位といいます。対面側位では、そのままでは挿入できないので、女性が片膝を曲げるか、男性の腰を挟み込むようにして、股間にスペースを作って挿入します。他の体位に比べ、激しく動くことはできませんが、お互いに体重を支える必要がないため、ゆったりリラックスして挿入を楽しむことができます。激しいエッチの合間に、カラダを休めながら見つめ合って愛撫を楽しんだり、挿入感を共有したりすることも。ゆったりと時間をかけて愛し合いたいときに取り入れてみては。

側位のポイント

まったりとエッチを楽しむ

お互いにカラダを横に倒し、のんびり身体を休めながらまったり楽しめるのが側位の魅力。キスしたり抱きしめ合ったりしつつ、ゆるやかに腰遣いも楽しめる。刺激は浅めだが、女性が男性の太股や腰に脚を巻き付けるようにすることで密着感はさらにアップする。側位からの応用バージョンとしては、女性は横になったまま、男性が女性の片脚を持ち上げ、もう片脚の上にまたがった松葉崩し(写真)もあるが、こちらは楽な姿勢でかなり深い結合と微妙なネジレを楽しむことができて刺激的。

※写真は側位の変形体位で「松葉崩し」

大図解!
詳解48手セレクション2

体位の世界の奥行きは深い。おそらくまだまだ知らない体位がたくさんあります。ここでは四十八手から素敵な体位を厳選セレクト!

語り継がれた日本の性文化そのエッセンスをいただこう

感じ合えるカタチ=体位の奥行きの深さは、「基本の体位」編でもよくわかってもらえたのでは。愛し合うカタチと、そこに秘められた快楽の秘密を知れば知るほど、ふたりのエッチは豊かに、快感曲線は上昇カーブを描いていきます。何も考えない単純なピストン運動などは比ぶべくもなし。そして、体位の数はといえば、もちろんもっともっとあります。

そこでさらに踏み込んで、ここでは四十八手へ。四十八手とは、江戸時代初期に考案されたといわれ、男女の交わりを四十八のバリエーションに分けたもの。春画として裏文化の花形になる一方、遊廓や好事家、新婚夫婦の間でテキストとして用いられ、さらに改良が加えられていったという、いわば日本の性文化のエッセンスといってもいいものです。

四十八手というと、奇想天外、アクロバティックな体位ばかりを想像するかもしれませんが、基本の体位と重なり合うものもあって、理にかなって彩り豊か。ここではその中から「これは!」の32体位をセレクト。大江戸に育まれた禁断の性文化。ふたりでぜひトライしてみては?

48手セレクション

1 深山《みやま》

女のコの足をV字に持ち上げた形が刺激的。お互いに挿入部分が見え、男性は激しく腰を使えます。女性の足を動かすことによって、腰の角度を変えれば、挿入感に変化をつけることもできます。

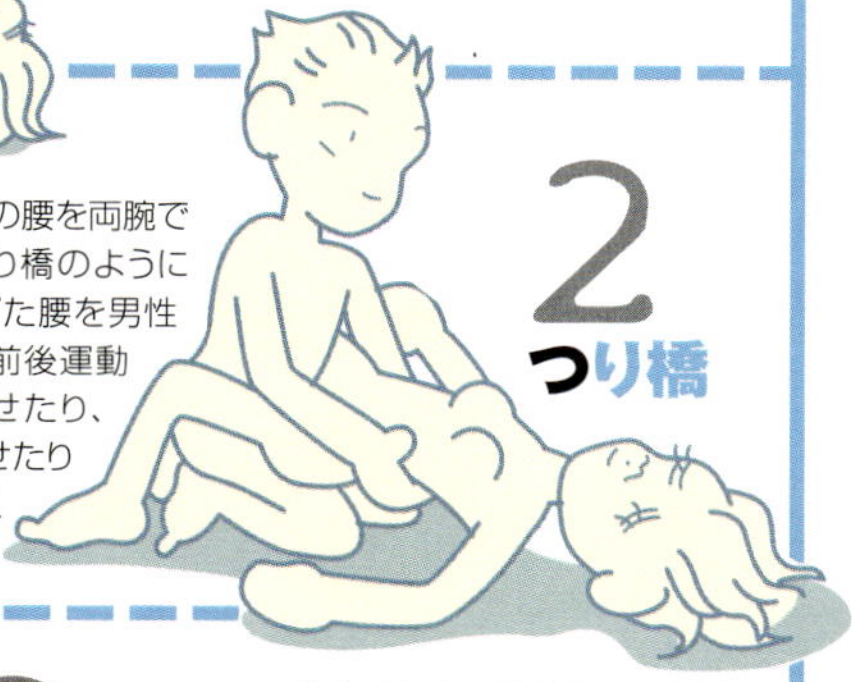

2 つり橋

男性が女のコの腰を両腕で持ち上げ、つり橋のように支えます。持ち上げた腰を男性がコントロールし、前後運動と連動して引き寄せたり、挿入角度を変化させたりして、快感を得ることができます。

3 志がらみ

仰向けに寝て脚を閉じた女性に、覆いかぶさるようにして挿入。足首を絡めます。脚を閉じているので締め付け感が高く、ディープな密着感も味わえる。女性は脚を突っ張るようにするとよく締まります。

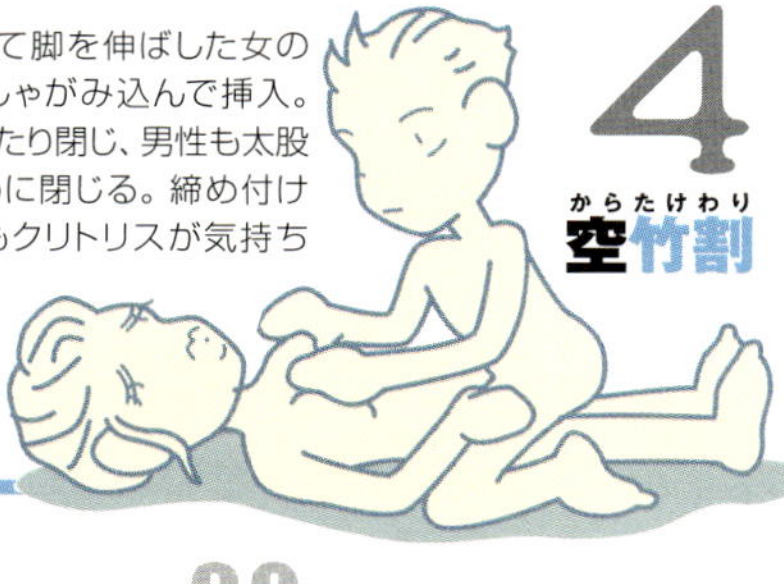

4 空竹割《からたけわり》

仰向けに寝て脚を伸ばした女のコの上に、しゃがみ込んで挿入。女のコは脚をぴったり閉じ、男性も太股を締め付けるように閉じる。締め付け感は極上。女性もクリトリスが気持ちよく刺激されます。

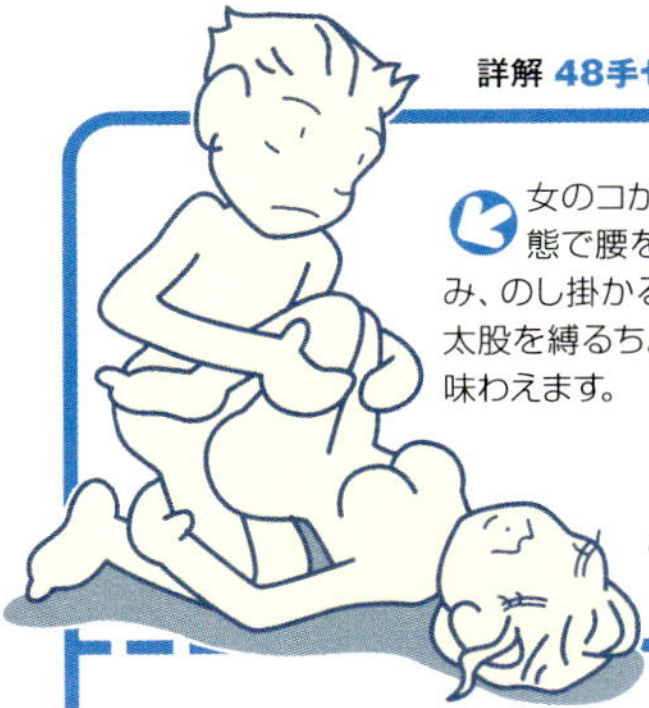

女のコが膝を折り、太股をしっかり閉じた状態で腰を屈曲させ、男性はその膝を抱え込み、のし掛かるようにして挿入。本来は女性の両太股を縛るちょっとSM風の体位。深い挿入感も味わえます。

5 だるま返し

男性が両手を後ろについて身体を支え、女のコはカレの首に手をまわした形の対面座位。女のコは腰を自由に使え、男性は女性の動きに合わせて腰を突き上げても。密着度の高い挿入感を得られます。

6 抱き地蔵

本来はこたつの中で交わるための形とか。腰は使いにくいけど、隠された狭いスペースで腰と腰を合わせ、もぞもぞとまさぐり合うように愛し合う様は、かなり隠微。こっそり試してみたい気がします。

7 こたつ隠れ

両脚を少し開いて座った女のコに、向かい合って座った男性が腰を挟み込むようにして挿入。ふたりとも両腕を後ろについてカラダを支え、女のコは両脚をカレの肩の上へ。独特の挿入角度も刺激的。

8 獅子舞

9 鳴門《なると》

足を崩して座った男性の上に、女のコが背中を向けて腰掛けた形。女性は開脚しながら両脚で体重を支え、大きな渦をイメージするようにして腰を使いたい。男性は自由な手で胸やクリトリスなどを愛撫。

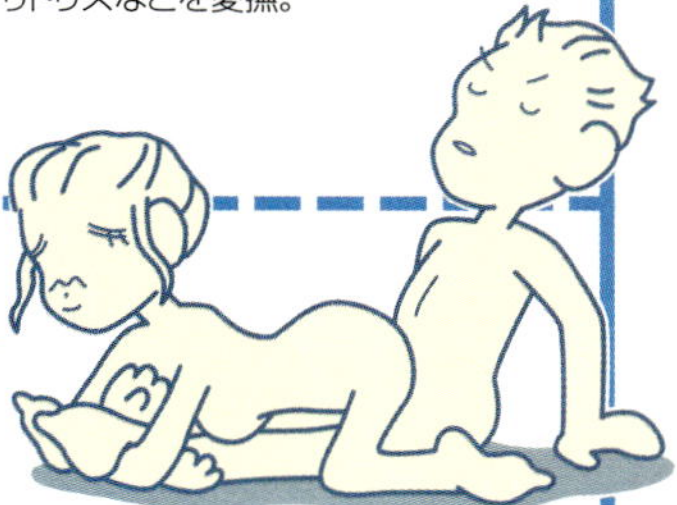

10 〆込み錦

脚を伸ばして座ったカレの上に、お尻を向けて座るようにインサート。そのまま上体を倒してカレの両脚に抱きつきます。クリトリスを擦りつけるように動きます。アヌスを愛撫してもらうにも好適。

背面座位の形で交わって、あぐらをかいた膝の上に、大股開きにした女のコを抱え上げた形の体位。結合部とペニスの出し入れがしっかり見えて恥ずかしいけれど、鏡の前で行うとかなり刺激的。

11 乱れ牡丹

第一文字 12

横向きに寝ている女のコの背後から、片脚を持ち上げて挿入します。開脚してるため挿入は思いのほか深い。持ち上げた脚の高さや角度を変えながら、ピストン運動と連動して変化をつけるのがポイント。

窓の月 13

女のコの股の間に男性が片脚を通しているのがポイントの後側位。深い挿入が可能で、男性は腰が使いやすく、手も自由に使えます。腰を使いながら太股で彼女のクリトリスを刺激してあげるのもいい。

つばめ返し 14

男性は女性の片脚を持ち上げながら、もう一方の太股にまたがって深く挿入します。彼女はそれを受け入れながら、思いきり背を反らすようにして。膣奥に当たる深い挿入感がなんともいえない快感！

15 横笛

女のコはカレの腰に脚を絡め、男性がその両脚の間に割り込むようにして交わった側位。女のコは絡めた脚を締め付けたり、カレのピストンに合わせてアソコを擦りつけるように押し付けてもいい。

16 浮き橋

横向きになった女のコの腰を両腕で支え、後ろから挿入。ひねった角度での挿入のため、摩擦が大きく、挿入も深いのがポイントです。女性は腰を使いにくいので、男性が自在の腰遣いで快感を。

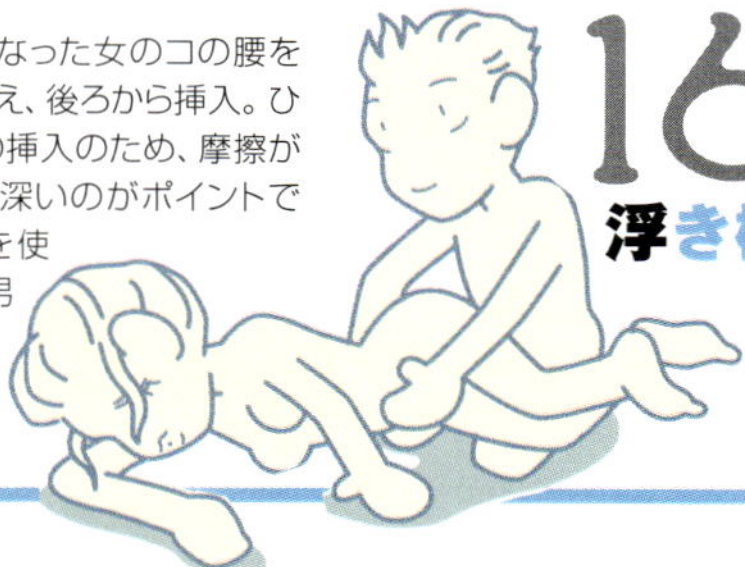

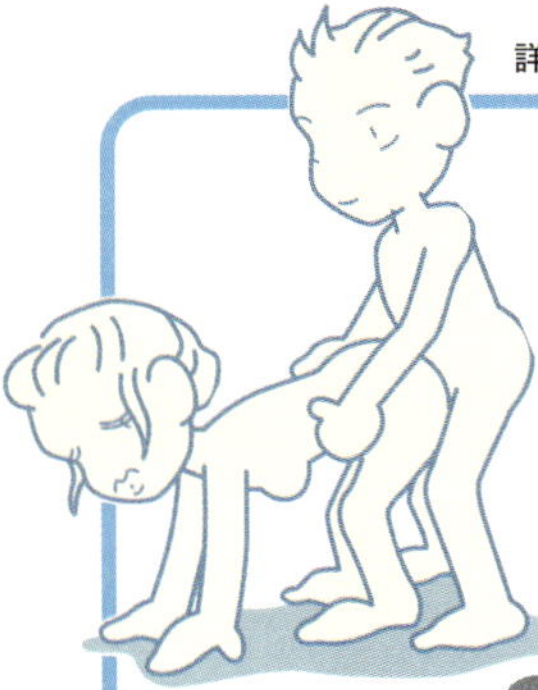

両手を前につき、相撲の「はっけよい」のポーズをとった女のコに男性は立ったまま後ろからインサート。極めて動物的な気分で、ふたりとも大きく腰を使い、激しいピストン運動が楽しめます。

17 仏壇返し

18 本《ほん》駒《こま》駆《が》け

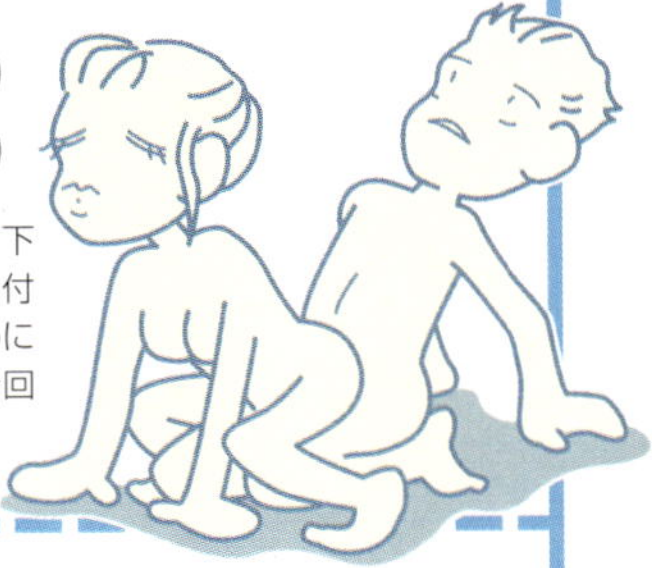

正座した男性の上に女のコが後ろ向きに腰を下ろし、両腕は前についてお尻を押し付けるようにします。男性は焦らすように動き、女性は自由に動けるので、腰を回転させながら、ペニスを味わいます。

後輩位から両脚を抱え上げることで内股が緊張し、膣の締め付けもアップ。両手でピストン運動をしながら、そのまま前方へ手押し車のように進みます。女のコが動くと、腰のネジレが気持ちいい感触に。

19 押し車

立ったままの後背位ですが、女性は前方に置いた碁盤に手を突いてバランスをとります。低すぎず高すぎず、なんともちょうどいい高さなのがミソ。両手をついた安定感で、激しく腰を使うことも可能。

20 碁《ご》盤《ばん》攻《ぜ》め

仰向けに脚を広げた女のコに対し、男性はT字型になるように横向きに寝てインサート。男性は結合部を横目で見つつ、性器周辺やクリトリスを指で愛撫できる。自由に動けない彼女はたまらないはず。

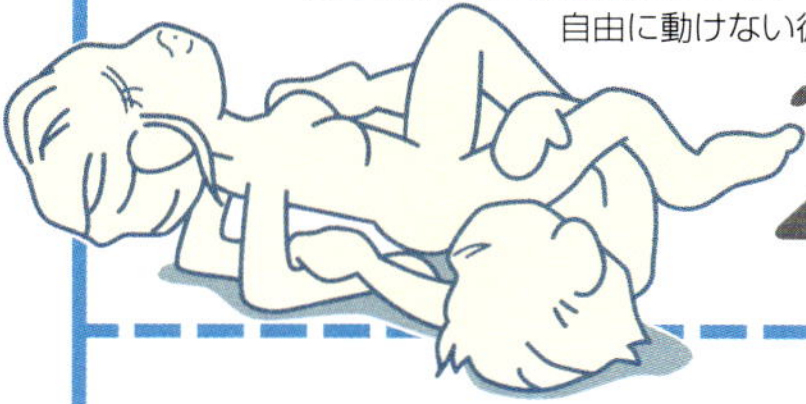

21 御所車《ごしょぐるま》

22 茶臼のばし

仰向けになってやや脚を開いた男性の上に、脚を閉じ、伸ばした状態で女のコが重なった女性上位。男女とも腰は使いにくいが、脚を閉じている分摩擦は大きく、予想以上に快感を得ることができます。

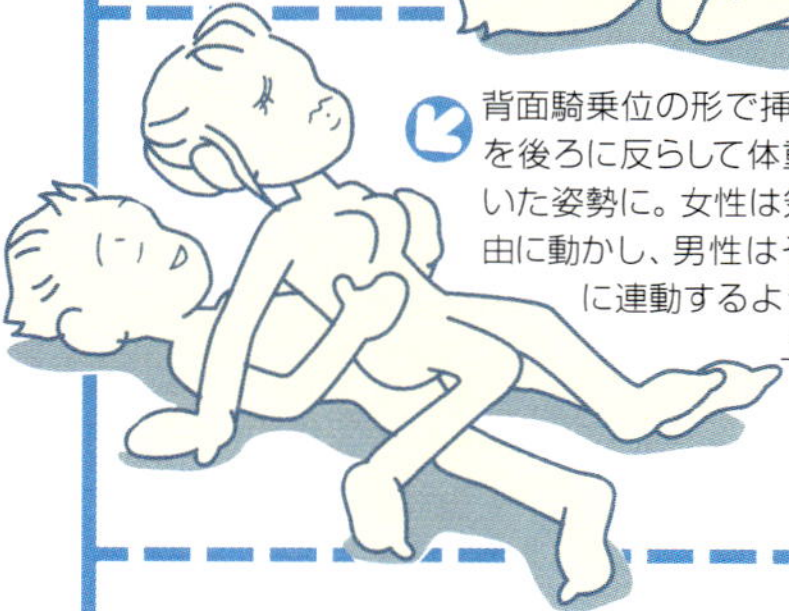

背面騎乗位の形で挿入したあと、女のコは上体を後ろに反らして体重をかけ、両手を後ろについた姿勢に。女性は気持ちのいいままに腰を自由に動かし、男性はその動きに連動するように突き上げます。

23 撞木《しゅもく》ぞり

騎乗位の形で交わったあと、女のコは男性の首にヒモや手ぬぐいをかける。馬の手綱のようにしてバランスがとれるので、女性は後ろに反り返ることができ、膣前壁を擦るような挿入が楽しめます。

24 流鏑馬《やぶさめ》

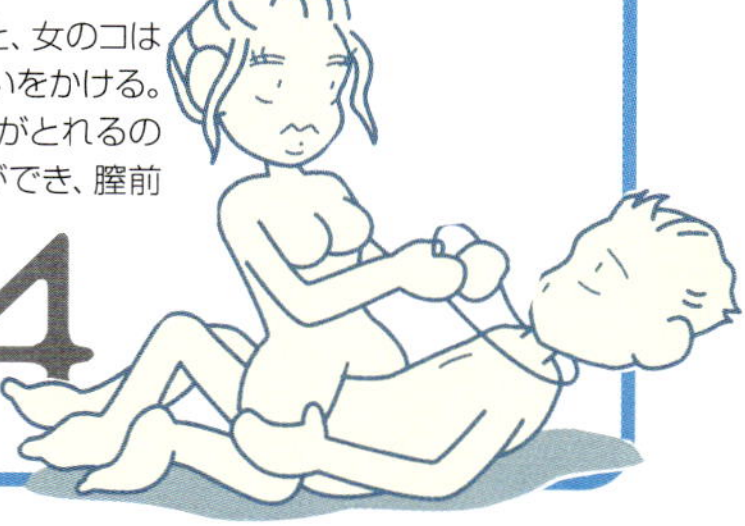

25 〆込み千鳥

〆込み錦からの変化型。男性は仰向けになり、後ろ向きに乗っかった女のコは、伸ばしたカレの脚に抱きつくように。激しく動くとペニスが抜けやすいので、小刻みなピストン運動などでゆっくり楽しんで。

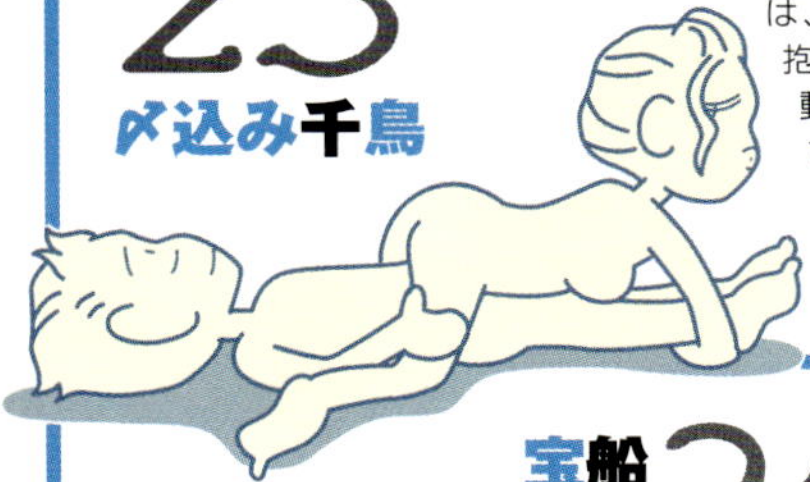

宝船 26

女性が仰向けに寝ているカレの片脚を持ち上げ、その脚にまたがるようにして、交差する形で交わります。女性主導で、カレのたくましい脚に抱きつき、アソコを擦りつけながら、深い挿入を楽しめます。

かげろう 27

仰向けになった女のコに、互い違いにうつ伏せになった男性が乗る体位。男性は後ずさりするようにして挿入しますが、かなり難しく、四十八手中でも超変則的な離れ業。いつもと違う膣の感じが味わえる。

きぬた 28

かなりアクロバティックで遊び心おう盛な変則体位。自転車こぎのポーズでお尻を上げた彼女の上に、男性は座りながらペニスを突き落とすようにインサート。面白がりながら試してみるのがおすすめ。

29 立ち松葉

男性と女性の脚を交差させたいわゆる「松葉」の形の結合で、男性が立ち上がり、女性の脚を持ち上げます。挿入角度がきついため、ペニスと膣の摩擦が大きく、お互いに快感を味わうことができます。

やぐら立ち 30

対面立位の状態で、彼女の両腿を抱え、完全に抱き上げた形の体位。いわゆる駅弁スタイル。深い挿入でアソコに体重がかかるため満足感は高い。男性が女性の全体重を腰で支えるワイルドなスタイル!

岩清水 31

四十八手中には実は愛撫の体位も含まれます。岩の狭間からわき出る清水を味わうごとく、彼女の股の間に下から顔を滑り込ませ、舌で愛撫する。いわゆる顔面騎乗のクンニリングス・スタイル。

鵯越《ひよどりごえ》の逆《さか》落《お》とし 32

これもやはり愛撫の体位。うつ伏せになった彼女の足を肩にかけ、腰を持ち上げるようにして立ち上がって行う、ダイナミックなクンニリングス・スタイル。彼女の羞恥心をあおる効果も期待できます。

IV

ホンネランド

男と女の『ホンネ』がわかる――おしゃべりランド

ほんとは気になっているんだけど、ちょっと口に出せなかった素朴な疑問や不安…。思い切ってワイワイ語ろう。

Q やっぱりデカイほうがイイ!? 女の子ってどんなペニスが好きなの？

A フィット感が大事!? サイズが大きければいいってもんじゃない！

男性の肉体的コンプレックスで一番多いのがペニスのサイズ。なぜかわけもなく、巨根＝エライ、と信じて疑わない男性も多いようだ。

日本人の平均サイズは、平常時で7㎝、勃起時で約13㎝といわれるが、医学的には、勃起時に4、5㎝あれば充分とも。一番気になる女のコの声を聞いてみても、必ずしも大きい方が好まれてるわけではない！

「あんまり大きいのは苦手。フィット感のほうが大事」（OL・23歳）

「大きいと痛いし、壊れちゃいそうで恐い。それより気持ちよさには愛し合ってることの方が大切」（女子大生・21歳）

なんて声も。ちなみに膣の奥行きは興奮時に拡大しても10㎝前後。また、柔軟性のある膣は、どんなペニスもきっちり包み込む機能に優れているものだ。

ほかにも「先っちょの太いのが好き」「彼のはネジレててすごい」「やっぱり固くて熱いの！」等々好みはいろいろだけど、要はペニスもいろいろ。ふたりにあった愛し合い方が見つかれば、必ず気持ちいいエッチができるハズだ！

Q

アソコの具合が違うって…
名器ってあるの？どんなもの？

スゴク しめつけられるヨ……
スクワットできたえた効果大だわっっ

A

性器は人それぞれ
好みはあれど、名器って言葉に惑わされないように！

俗にいわれる名器というと、ミミズ千匹、カズノコ天井、タコツボ、キンチャクなどがある。これは男性が膣に挿入したときの感覚を表し、名付けたもの。ミミズ千匹は、膣全体にヒダが多く、まるで千匹のミミズが絡みついてくるような感触、キンチャクは、キンチャク袋のヒモをキュッと締めたようによく締まるもの、だとか。よくいわれる条件は、締まりと、感触と、濡れ具合といったところ。ただし、それに惑わされる必要は全然なし。顔の造りがちがうように、性器の形や締まり具合も人それぞれで当たり前。名器に決まりがあるわけじゃなく、むしろ名器かどうかを決めるのは、気持ちも含めたパートナーとの相性のほう。

す、すごいーっ
こんなこともできんのよぉーっ
きたえてますっっ
くるんくるん

「腰を浮かせてクルンクルンしてあげたら、彼ってばアッという間にイッちゃった」（OL・24歳）
「お尻の穴に力を入れてキュッと締めてあげたりする。ウッとかいって気持ちよさそう」（保母・20歳）
等々、コンディションやちょっとした"愛情"でも全然違うみたいだ。

Q 遊んでるわけじゃないのに……アソコや乳首が黒いのはなぜ？

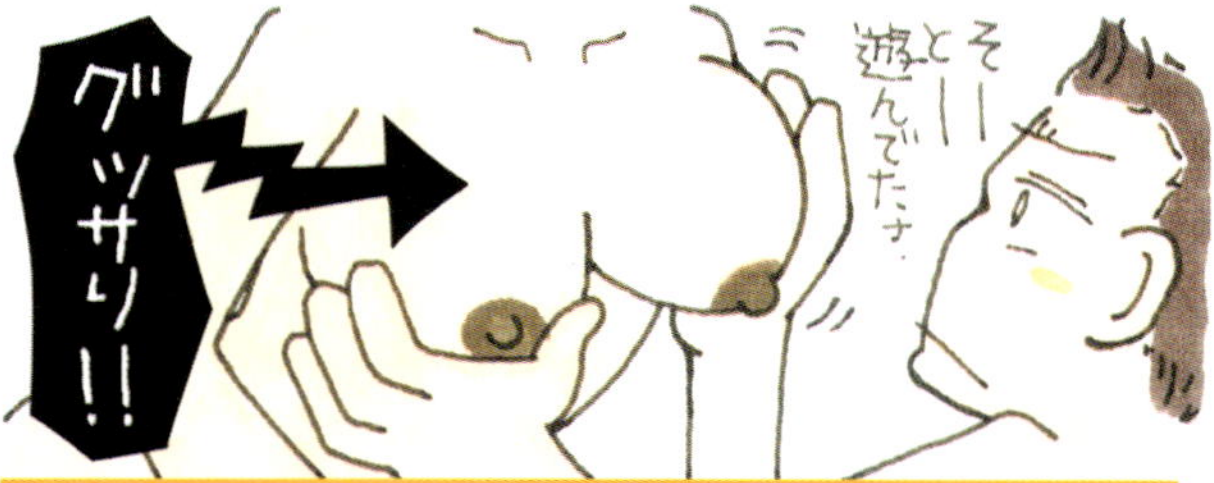

A 色が黒ずむのはメラニン色素のしわざ 遊んでなくても黒ずんじゃうコもいる！

女性のコンプレックスの中でも意外に多いのがこの悩み。しかも男性の間では、乳首やアソコの色が黒い＝遊んでると認識されていたりして、女性のエッチ経験度を知る方法として最もポピュラーなもの。となれば、気になるのもムリのない話。「**私、処女のころからちょっぴり黒ずんでたみたい**」（フリーター・20歳）「**1人しか知らないのにサセコだと思われた**」（女子大生・19歳）などなど。

では、なぜ乳首や乳輪、アソコは黒ずむのだろう？　実はこれ、すべてメラニン色素のしわざなのだ。メラニン色素が沈着すると色が濃くなるというわけ。ところがこのメラニン色素、後天的に沈着することは少ないとのこと。つまりエッチのしすぎで黒ずむなんてことはありえない。ただしメラニン色素が沈着しやすい肌というのがあって、これは遺伝によるところが大きく、統計によると肌が地黒のコほどメラニン色素が沈着しやすいとのこと。もしカレに指摘されたら（それもヒドイけど）、あくまで遺伝で、エッチ経験とは関係ないことを説明してやろう。

Q アソコは清潔にしておくのが礼儀 でもキレイにし過ぎちゃいけないの？

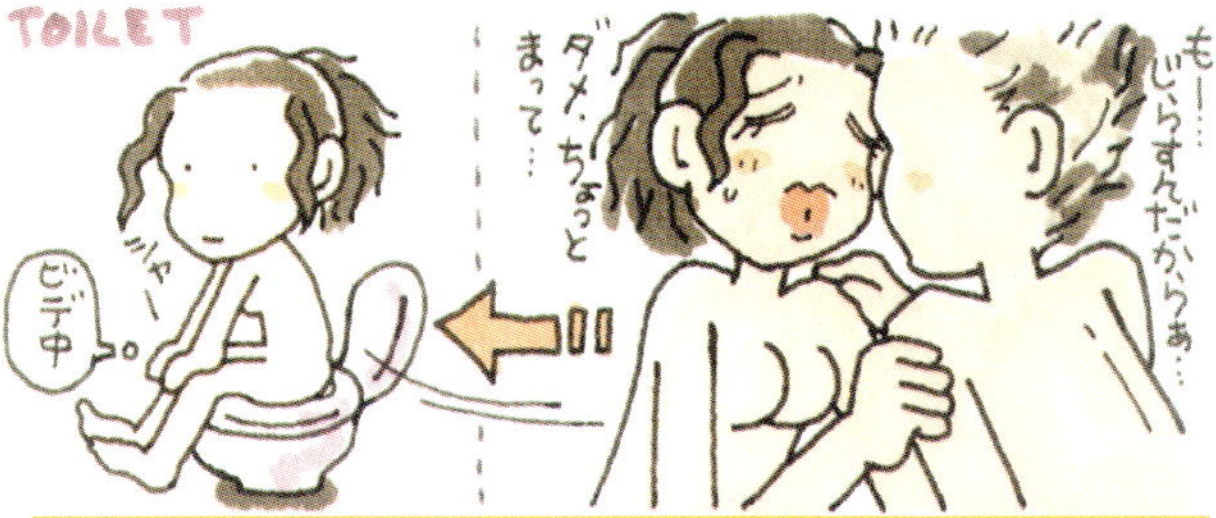

A 膣内には善玉菌がいて自浄化作用がある キレイにしすぎると他の菌が入ってきちゃう！

最近増えてきた洗浄器つき便座には、たいていビデがついている。ビデというのは、膣内を洗うためのもの。クンニされるからアソコは清潔にしておくのが礼儀…、と考えるのはいいけど、何事もヤリすぎてはいけない。「**習慣的にビデを使っていたら、オリモノが増えてきて困っています**」（秘書・25歳）「**アソコが酸っぱいってカレシに言われて以来、気になっちゃって石鹸でていねいに洗っているんだけど、なんかヒリヒリする**」（専門学校生・20歳）

実はこれ、健康な女のコなら当たり前の反応。膣の中にはいつもデーデルライン菌という菌がいる。いわゆる善玉菌で、乳酸の一種だから舐めると酸っぱい。このデーデルライン菌のお仕事は、膣の中を常に消毒してくれること。だから膣内をあまり清潔にしすぎると、この必要な菌まで洗い流されてしまい、他の雑菌を繁殖させてしまう。つまり膣の自浄化作用を自分でダメにしちゃうってこと。洗うんだったら、雑菌のはびこりやすい肛門の周辺や大陰唇と小陰唇の間のミゾなどをキレイにしておけば充分だ。

Q

ペニスが入ってくると……アソコが痛くて苦痛なんだけど？

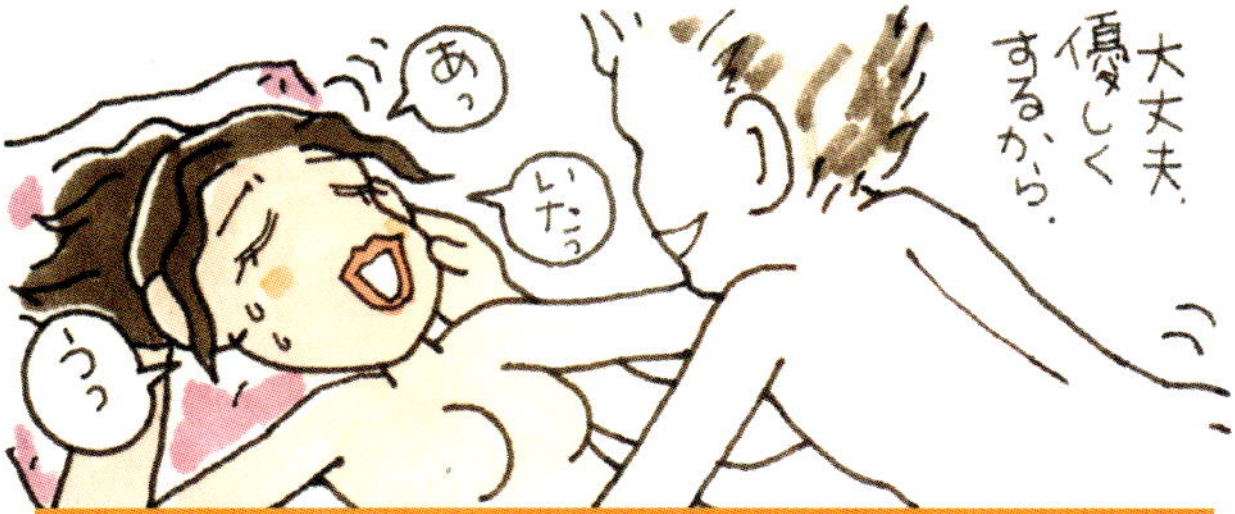

A

感染症や子宮内膜症などの疑いも。放っておかず婦人科で診察を！

一般的に膣の長さは7〜8センチ、しかも膣の奥3分の2はほとんど神経が存在しないので無感覚地帯。なのにそこが痛いとなれば、まず重大な病気ってことも考えられる。最も可能性があるのは子宮内膜症。これは子宮内膜の組織が異常な場所で発生するもので、膣の奥に痛みを感じる。特に生理の直前に症状がひどくなるので要注意。子宮内膜症でなければ、膣の感染症も疑われる。性病による膣壁のびらんが生じているかも。あと考えられるのはアレルギー反応。避妊薬、コンドームなどに過敏に反応してしまうってこと。たまに精液にアレルギーのある女性もいるようだ。いずれにしても、一度、婦人科で診察を受けたほうがいい。放っておくと重い病気や不妊症の原因になる可能性もあるのだから。

「バックですると奥のほうが痛いんだけど……」（販売員・19歳）
「子宮の入り口に先っぽが当たると痛いんです」（OL・24歳）
なんて場合は、アソコの未発達という可能性もある。充分に前戯をし、それなりの回数をこなせば和らいでくるはず。

Q 生理が近づくとしたくなる……そんな私ってヘン?

ムラムラムラ…
うず
うず
どーしたの?
な、なんでもないよっ。

A 人間は1年中発情期 生理前にしたくなるのは多数派なので決して ヘンじゃない!

ホンネランド

一般的に動物には発情期(エッチしたくなる時期)というのがあって、交尾(エッチ)する時期は限られている。人間が動物と違うのは、1年中発情期でいられること。つまり地球上でいちばんエッチな生き物なのだ。そんな人間にも、実は周期的な発情期のようなものがある。一説には、排卵日にエッチしたくなるのが本能とのこと。卵子が子孫繁栄を促し、タネを欲しがるわけだ。でも実際は

カックン!
どっかかゆいのか? かいてやろーか?
ちがくって、そーじゃなくって…

「生理前になるとエッチしたくなる。しかもその時期がいちばん感じる」(OL・22歳)**「私の場合は生理中かな。情緒不安定だし。排卵期? そんなの怖くてエッチできないよ」**(アルバイト・24歳)

と、人それぞれ。そう、エッチしたくなる時期というのは、あくまで個人によって違うのだ。日本性科学学会のデータによると、生理前に性欲が高まる女性は全体のほぼ4割、生理中と答えた女性はほぼ3割、排卵日は1割に満たなかった。つまり生理前にエッチしたくなるのは、むしろ多数派。だから決してヘンなことではないのだ。

Q

男なのに気持ちよくて……声を出したらヘン？

A

エッチというのはコミュニケーション 気持ちいいってことを相手に伝えよう！

うっ、おあっ、ああっ、あん、はうっ……男だって気持ちよければ、思わず声が漏れちゃうってもの。でも、なかなか声を出せないようだ。「**男が声を出すとナメられる**」（大学生・21歳）なんて時代錯誤なのはさすがに少数派だけど、多いのはこれ。「**声が出そうになるとついガマンしちゃうな。なんか男が声を出すなんて恥ずかしいから**」（メーカー・23歳）というガマン派だ。でも女のコはというと「**男が声を出すのってカワイイ**」（OL・23歳）「**気持ちいい声をきくと嬉しい**」（薬剤師・20歳）なんて意見が圧倒的。中には「**男の喘ぎ声ってキモいし、シラける**」（代理店勤務・26歳）という声もなくはないが、女のコだって男のコの気持ちいい声を聞きたいのだ。

エッチはコミュニケーション。相手に「今すごく感じているんだ、気持ちいいんだ」ってことを伝えることが大切だ。気持ちよければどんどん声を出せばいい。それが恥ずかしいっていう世間の常識が間違ってるのだ。男たちよ、気持ちよければどんどん喘いじゃおう。そのほうがきっと彼女も喜んでくれるはず。

Q

彼ってヘンタイ!?
アナルに入れたがるんだけど？

おしりに
入れていい？
え？
ベンピだもん…
やだー、どーしよ
どーしよっ

A

エッチにタブーなし！
あなたが納得すればやってみては？
でもコンドームは忘れずに

私がしてあげるー!!
オレはヤダーーッ

エッチ情報がいっぱいあふれる中、エッチに対する考え方もどんどん変化していく。20年前はヘンタイ行為とされていたフェラチオも今ではフツーのことだし、タブーだったアナルSEXの経験者も急増中とのこと。でもウ○チするところだし、そんなところに入れるなんて……と考える女のコもまだまだ多いはず。「**あそこは出すところであって、入れるところじゃないでしょ？　だいいち痛そうじゃん**」（女子大生・19歳）「**アナルを舐められるのは好きだけど、入れられるのは怖い**」（不動産会社勤務・23歳）っていうのが大多数の意見では？　でも男のコだって好奇心旺盛。そこに穴があれば、入れてみたいと思っちゃうものなのだ!?

まあアナルSEXがいけないってワケじゃないけれど、注意していただきたいことがいくつかある。肛門周辺は傷つきやすいので、よーくホグして柔らかくして、まず指から挿入してみること。潤滑ゼリーを使うこと。痛かったらすぐやめること。そして病気予防のためにもコンドームは必ず使うことを忘れずに。

Q

近所迷惑!? 彼が引く!?
あの時の声が大きすぎるみたいだけど？

A

あの時の声は
酸欠状態に対するリアクション
気にしなくてOK！

エッチしてて気持ちよくなってくると、ついもれちゃうのがあえぎ声。たいていの女のコは興奮すると声をあげてしまう。なぜ気持ちよくなるとあえぎ声が出ちゃうのか？　実はいまだに解明されていないとのこと。有力なのは、興奮すると同時に血中の酸素の量が減って酸欠状態になるから、という説。息づかいが荒くなったり悶絶するような表情になるのも、この酸欠状態に対するリアクションなのだとか。

「**大きい声が出そうになると、カレがチューして防いでくれるの**」（フリーター・19歳）というのは可愛いけど、「**パンツを口に入れられちゃった！**」（女子大生・20歳）なんてことになると、ちょっぴり悲劇（喜劇？）。

アメリカのある性科学者によると、あのときの声の大きい女性はヒステリックで自己顕示欲が強いのだとか。ったく、大きなお世話。声の大きさなんか気にせず、今までどおりエッチを楽しみましょう。気になるなら、声が出そうになったとき、軽く握った拳の人差し指の第二間接あたりを口に入れると効果的。

ほんとに平気!? フェラチオのあと精液は飲まなきゃいけないの？

A 精液の成分はタンパク質と糖分 飲んでも無害 ツバで薄めて一気に！

フェラチオそのものは嫌いってわけじゃないし、口内発射されても私の口と舌でイッてくれたんだと思えば嬉しい。でも、やっぱりゴックンはできないよ、という女のコも多い。

「絶対ムリ！　汚そう。いつもティッシュに吐き出す」（フリーター・18歳）というコもいれば**「ほんとは拒否したいんだけど、嫌われるのが怖いからムリして飲む」**（銀行勤務・19歳）というコまでさまざま。

そもそも精液って飲んでも平気なんだろうか、オチンチンから出てくる排泄物みたいなものだから体に悪そうだし、なんて疑問もわいてくる。

実は、精液の成分はタンパク質と糖分。したがって相手が健康なら飲んでもOKだ。とはいっても、あのネバネバ、あのニガニガが喉を……と思うとやっぱり少し気持ち悪いという声も。そこでこんなご意見を。**「口の中に出されたら、すばやくツバにからめて、決してかみしめず、一気に飲み干すと飲みやすいよ」**（不動産会社勤務・23歳）

なるほど、ツバで薄めて味わわず、一気にゴックンというわけ。参考になるかなあ。

だって、恥ずかしいの……ついマグロになっちゃう私ってダメ？

MAGURO-CHAN.
ズシン
ねーねー、いい？

A エッチはお互い楽しむもの あなたが楽しむから 男のコも楽しい 楽しんでるって表現しよう！

恥ずかしいという理由で声も出さず、気持ちよくても反応せず、ただひたすら受身で寝ているだけ。そんな女のコを男のコたちはマグロと呼んでいる。もちろんホメ言葉ではない。むしろ魅力に欠けるってこと。**「マグロ女とエッチしてもつまんないよ。自分の愛撫に感じて欲しいし、こっちだって感じたいし」**（会社員・23歳）というのが一般的な意見だろう。でも**「恥ずかしいし、どうやって気持ちよさを表現していいかわからない。こっちが積極的になるとエッチな女だと思われて嫌われそうだし」**（OL・21歳）というのが女のコのホンネじゃないだろうか。それじゃあ、男のコにとってどんな女のコがマグロではないのだろう。

あぁん♡
やっぱタコがいいかも♥

「上手じゃなくていいから一生懸命フェラチオしてくれる」「騎乗位で自分から腰を使ってくれる」「愛撫に対して敏感で反応が激しい」「エッチに積極的」なんていう声が代表的なもの。彼は感じてるあなたが大好き。愛されるためについマグロになっちゃうのは、むしろ逆効果。愛されるために脱マグロを目指そう。そして彼の体を愛しちゃおう！

Q

たまにはやってみたい!?
女がエッチをリードしちゃいけないの？

A

もちろんエッチをリードしてもOK コミュニケーションをとるのが大切！

いつも受身ばかりじゃイヤ、たまには私がエッチをリードしてみたいと思う女のコって確実に増えてるよね。ただ心配なのは、あまりにも積極的になりすぎて彼が引いちゃうかもしれないってこと。相手が疲れてて求めてるならともかく、フツーの男のコが相手だとフーゾク嬢っぽく見られないとも限らない!?

「私、リードされるよりするほうが好き。でもカレもリードしたがるの。だからいつも受け身になるんだけど、このままじゃストレスたまっちゃう」（女子大生・20歳）ってコもいれば、**「私のカレは攻められ好きだから、私が積極的になって攻めちゃう」**（フリーター・22歳）ってコも。つまり相手次第ってこと。男のコは攻めるのが好きなタイプと攻められるのが好きなタイプの2種類いる。女のコがリードして引いちゃうのは、たいてい攻めるのが好きなタイプ。ただ、どっちにしても、今の時代は積極的なコのほうが喜ばれるみたい。お互いにエッチが楽しめるしね。だからダイジョーブ。いずれにしても相手とコミュニケーションをとることが大切。

ホンネランド

Q

なんで男は部屋を明るくしたままエッチしたがるの？

A

好きだからこそ体の隅々まで見たい表情も見たいそれが男の本能だ!?

エッチのときの照明って、けっこう気を使うもの。明るすぎても恥ずかしいし、暗すぎてもつまらない!?　いえいえ、むしろ暗ければ暗いほど大胆になれる!　なんてコもいる。でも男って部屋を明るくしたままエッチしたがるコが多い。

「私のカレ、いつも明るいところでエッチしたがる。最近は慣れたけど、前はむちゃくちゃ恥ずかしかった」（女子大生・19歳）

「全部見られるなんてぜったいイヤ！　部屋を暗くするって男として最低のマナーでしょ」（保険外交員・22歳）

とはいうものの、やっぱり明るいところでエッチしたがるのが男のコ。どうやら**「体の隅々から表情まで全部を見たい。好きだからいいじゃないか」**（広告代理店勤務・20歳）というのがホンネのようで。ムードもなにもない!?　それに、誰かと比較されそうだし。でも、これって視覚的にも興奮したいという男のコの本能でもある。カレのために暗すぎず、自分のために明るすぎずってのがオススメかな。

Q

私がいるのになんでカレは
ひとりHしたりAV観るの？

A

ひとりHは男の本能
これは浮気じゃない
だから許してあげるのが
女の甲斐性！

女のコと違って、男のコはほぼ100パーセントがオナニーしている。生理的にいえば、睾丸で作られた精子がマンタンになったから、早くそれを出しちゃって新しい精子の溜め場所を確保するっていう本能。だからオナニーしない男のコのほうが不健康なのだ。とはいっても、私とエッチすりゃいーじゃん、という意見もよくわかる。ところが男のコは「**エッチとオナニーは違う。いつでもヤレるわけじゃないし、気を遣う必要もないから気楽**」（大学生・22歳）というのがホンネ。その際のオカズとして一般的なのがエッチ本やAV。他の女の裸でヌクなんて許せない、というなかれ。「**男っていろんな女のコの裸を見たいしエッチしたいとも思う。これって男の性として理解してほしいな**」（会社員・23歳）というように、オスには浮気願望がある!? あちこちに自分の子孫を残したいという種の保存の本能だという説も。まあ、それを抑えるのが理性ってわけ。だからエッチ本やAVくらいは許してあげるくらいの器量がないとね。どうせオカズは虚像なんだから。

オレって早漏!? 女のコはどのくらいの挿入時間がいいの？

A 早漏に定義なし！好みの挿入時間は人それぞれ 前戯に時間をかけるべし！

男性のコンプレックスでいちばん多いのがペニスのサイズなら、二番めに多いのが持続時間。やっぱり「早漏」というレッテルは貼られたくないというのがホンネだろう。しかも女のコの間でも早漏の問題は取り沙汰される。「**前のカレって入れてから1分くらいでイッちゃうの。だから別れた**」（美容師・23歳）というコもいる。でも逆に「**長すぎて、いつもアソコがヒリヒリする。あたしじゃイケないってこと？**」（専門学生・19歳）なんていうコも。それじゃ、いったいどのくらい挿入してればいいの？　ってことになる。

ある調査によると日本人男性の持続時間の平均は10〜15分とのこと。持続時間が長いか短いかは、その女のコの感じ方次第だ。3分でも長いと感じるコもいれば、40分でも不満というコだっている。「**今のカレって入れたら3分もたない。でもたっぷり前戯してもらうから不満なし**」（秘書・24歳）という意見に注目。要はエッチで満足感を与えられるかどうか。前戯に時間をかければ、持続時間の短さなど簡単にカバーできるのだ。

Q

激しくor深くゆっくり!?
挿入後のピストン運動は？

A

ピストン上手な男は相手の好みに合わせるわからなければ相手に聞いてみよう！

昔からピストン運動は「九浅一深（9回浅く突いたら1回深く）」とか「三浅一深（3回浅く突いたら1回深く）」などと言われている。ピストン運動のスピードについても、1秒回に2回がいいとかフィニッシュ時は1秒間に4回が基本だとか諸説ふんぷん。実際のところ、女のコたちはどう思っているのだろう。「**私は激しいのが好き。でも、たまにはゆっくりってのもいいかも**」（教師・23歳）という意見もあれば「**私は入り口が感じるから浅いピストンをハイピッチで**」（ウェイトレス・22歳）なんて意見もある。また「**ただ出し入れするだけじゃなく、回転させたり上下に動かしたりしてほしい**」（保母・24歳）というメリハリ派もいる。

要するに、男のコには相手の好みに応じたピストン運動を使いわけるくらいの器量が求められるってこと。好みは人それぞれ。まずはコミュニケーションをとろう。ピストン運動しながら聞けばいい。あるいはメリハリをつけて反応を見るのもいい。女のコも素直に自分の気持ちを伝えるのが大切だ。

なんとかしなくちゃ！彼（彼女）とのSEXで不満なことは？

なんかクールなんだよ…
なんでほっとくんだろー…

A エッチの不満はあって当たり前 この不満を取り除くのがコミュニケーションだ！

不満のないエッチなど存在しないというけれど、実際のところ、他のコたちはどんな不満を抱いているのか気になるところ。

女のコ側からは「フェラチオを強要する」「飲むよう強要する」「ちゃんとクンニしてくれない」「愛撫がヘタ。痛い」「早漏」「包茎」「アナルSEXを強要する」「体位を変えすぎるから落ち着かない」「ナマで入れたがる」「生理中に中出ししたがる」「エッチのあと、ティッシュで拭いてくれない」などなど。

男のコ側からは「騎乗位してくれない」「なかなかイカない」「イッたふりをする」「締まりが悪い」「外出しするつもりなのにナマで入れさせてくれない」「マグロだ」「喘ぎ声がデカすぎ」「フェラしない」「アナルを舐めてくれない」「先にイッちゃうから取り残された気持ちになる」などなど。

こうしてみると、つまらない誤解や自分の好みの押しつけが多いようで…。でも、話し合って工夫すれば解決することばかり。とにかく話そう。エッチのこと話そう。話せばわかる！

だって終わった後、腕枕してくんないんだもんっ
だって来ないんだもんっ
和解成立.

Q

したくなったときの上手な誘い方は？ どうやって欲情させればいいの？

A

ストレートに誘ったり もじもじしたり言葉も大切だけど スキンシップがいちばん！

エッチしたいんだけど、なかなか上手に誘えないってのは男女ともにあるのでは？　男のコは誘って断られたらカッコ悪いと思うだろうし、女のコにしたって拒否されたらやっぱり恥ずかしい。

女のコが男のコを誘うときは「**わざとパンチラする**」（女子大生・19歳）という間接派から「**エッチしよっか、と可愛く言う**」（OL・22歳）「**してもいいよ、と耳元でささやく**」（公務員・24歳）という直接派、さらに「**ねええん、なんて言いながらすりよっていく**」（団体職員・23歳）という大胆派まで多様だ。一方、男のコはといえば「**エッチしようよ**」（専門学生・19歳）のような直接派が大多数。もちろん「**いきなり押し倒す**」（会社員・24歳）という積極派もいれば「**ヤラせろよ、と迫る**」（大学生・20歳）という傲マン派も。

まあ、イチャイチャしながら自然にエッチに流れ込むってのがベストでは？　そのためには言葉で誘うのもいいけど、やっぱりさりげないスキンシップがいちばん効果的かと思います。

Q

気持ちいいところ、どうやって伝えればいいの?

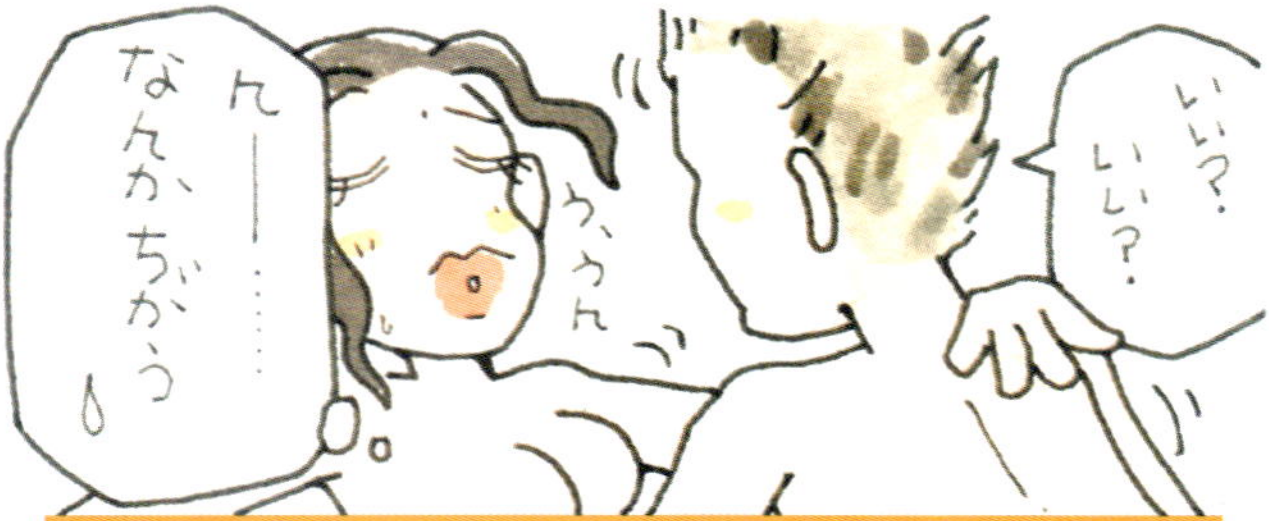
いい? いい?
うんうん
ん――……
なんかちがう

A

おおげさに反応したり言葉で伝えたり手で導くのが王道褒めることも忘れずに!

いくらコミュニケーションが大切といわれても、お茶を飲んでまったりしてるときや食事してるときに、エッチの話なんてできないもの。やっぱりエッチの話はエッチのときに限る。でも、性感帯とかどんなエッチがしたいかってこと、どう伝えていいのかわかんないよね。

最初ここ、
次ここ、
で次は
ここ。

「背中とかウェストとか感じやすいんだけど、なかなか気づいてくれない」(OL・22歳)

「乳首とかクリトリスってことは彼も知ってるんだけど強さが違う。ほんとはもっと優しくしてほしいのに」(女子大生・19歳)

で、女のコたちにアンケートをとってみた。みんなどう伝えてるんだろう? いちばん多かったのが「愛撫されたときにおおげさに反応した」ってやつ。続いて「そこ、そこがいい」「あ、いまの好き」など言葉で伝えるというもの。「手をそこに導く」というのも王道のようだ。もっとも「正直に答えたら、元カレに開発されたんだろってキレられた」というケースも。「こんなの初めて」と彼のテクニックを褒めてやることも大切みたいだ。

Q 潮吹きって何？ ぜひ経験してみたいんだけど？

A 実はオシッコ!? 膣内のGスポットをかき出すように刺激 快感とともに大噴出！

最近ではほとんどのAVで潮吹きシーンがある。しかも気持ちよさそうに吹いているもんだから女のコは憧れるし、男のコの間でも潮を吹かせたとなればテクニシャンとして通る。でも、そもそも“潮”ってなんだろう？　どうやったら潮を吹くんだろう？

潮の正体は未だ最先端の性科学でも解明されていないようだけど、今では前立腺液に近いものという説が有力（P31参照）で、失禁（おもらし）とは違う。Gスポットを刺激すると吹く。Gスポットというのは膣口から3〜5センチ奥の膣前壁（お腹側）にあって、コーフンすると膨らんでくるエリアのこと。ここを指2本でかき出すように刺激し続けると、10人に9人までは潮を吹くという。

「初めて潮を吹いたときは感動した。横になってるよりも両膝立ちで刺激されたほうが吹きやすいよ」（看護婦・24歳）

「彼が潮を吹かせたがって膣内を指で刺激してたら出血しちゃった」（受付嬢・22歳）

膣内を刺激するときは爪が当たらないように注意するよう彼に一言いっておきたい。

どうやったらいいの？ Q

クリトリスは気持ちいいのに中ではイケないんだけど……？

A エクスタシーに区別なし！ 挿入しながらクリトリス愛撫を

クリトリスではイケるんだけど、膣だとイケないっていう不満の声はよく聞かれる。女として半人前だ、なんて考えてるコもいるのでは？確かに性科学では女のコの快感をクリトリス性感、膣（Gスポット）性感、ポルチオ（子宮口）性感と3種類に分けている。でも、快感の度合いに差なんてない。だから膣でイケないのは半人前なんて大間違い！

エクスタシーを得る方法は人それぞれ、つまり個人差がある。決まった体位でないとイケないとか、ローターみたいな道具を使わないとイケないとか、とりあえず自分でイキやすい方法を見つけてみる。

「**私はピストンしてるときに一緒にクリトリスをいじってもらってる**」（女子大生・20歳）

「**エッチしながら自分でさわったり、体位を工夫しています**」（主婦・26歳）

同じ悩みをもつ女性たちもそれぞれ工夫している。相手にクリトリスをさわってもらったり、クリトリスとの接触度の高い密着型正常位をフィニッシュに使ったり。まずはパートナーと話し合い、いろいろ試してみては？

Q あんまりよくないときってあるけど、みんな、どうしているの？

A スキンシップを楽しむとか、エッチじゃなくても気持ちよくすごせることを

誘われたけどいまいち気分が乗らない、できればエッチしたくない、エッチしてみたけどいつもみたいに盛り上がらない、ぜんぜん感じない……。どんな女性にだってそういうときはある。そんなとき、他のコたちはどうしてるんだろう？

「**誘われても、疲れてるからといって断る**」（コンビニ店員・23歳）「**今日はその気分じゃないとはっきり断る**」（公務員・24歳）というハッキリ派のほか、「**ごめんね、今日生理になっちゃったの、とウソをつく**」（看護婦・26歳）「**ごめん。体調が悪いから……今度たっぷり埋め合わせるから**」（保母・24歳）という婉曲派も多かった。でも「**服着たままフェラだけしてとりあえずヌイてあげちゃう**」（美容師・23歳）「**嫌われるとイヤだからしぶしぶエッチにつき合う**」（女子大生・22歳）という流され派もいた。

なるほど、相手を傷つけないためにみんな苦労しているようだ。でも、やっぱり、したくないときはしないに限る。軽いスキンシップを楽しむとか、エッチじゃなくてもふたりで気持ちよくすごせることってあると思うし。

データランド

Q みんなの体験人数は?

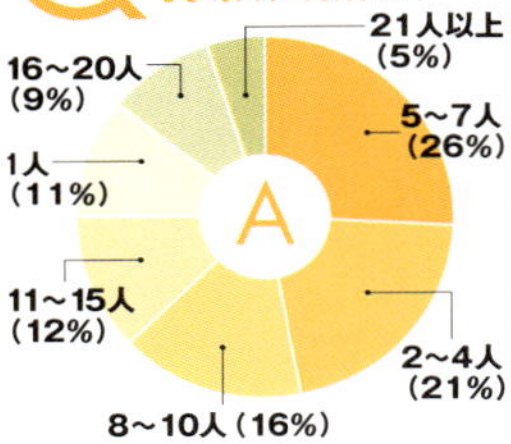
A
21人以上 (5%)
5〜7人 (26%)
2〜4人 (21%)
8〜10人 (16%)
11〜15人 (12%)
1人 (11%)
16〜20人 (9%)

Q 初体験はいつ?

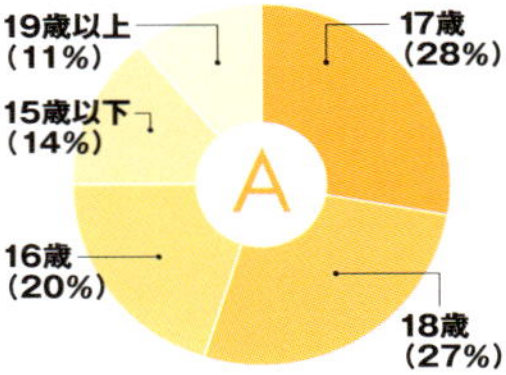
A
17歳 (28%)
18歳 (27%)
16歳 (20%)
15歳以下 (14%)
19歳以上 (11%)

Q オナニーする? 道具は?

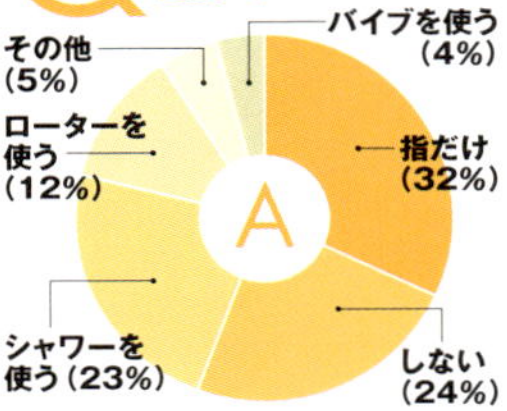
A
バイブを使う (4%)
指だけ (32%)
しない (24%)
シャワーを使う (23%)
ローターを使う (12%)
その他 (5%)

Q 1回のエッチで何回イケる?

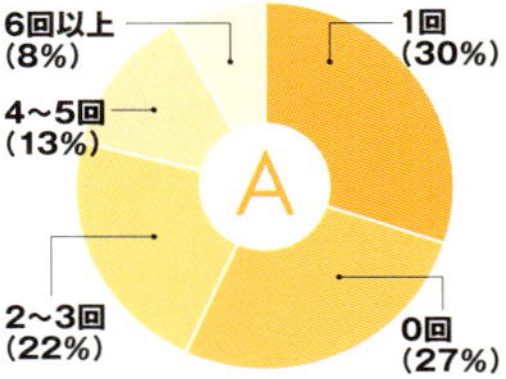
A
1回 (30%)
0回 (27%)
2〜3回 (22%)
4〜5回 (13%)
6回以上 (8%)

初体験の低年齢化は進みつつあるようで、「**処女だと自分がイケてないみたいで、とりあえず早く済ませたかった**」(フリーター・19歳)という意見が圧倒的。処女は守るものではなく、とりあえず早く済ませてしまうもの!?

体験人数の増加傾向もかなりのもの。中には80人以上というコもいたし、「**つき合うかどうかエッチしてみて決めるよ**」(専門学生・19歳)というコもいた。でもパートナー選びはやっぱり慎重にしたい。

でも、人数のわりにエクスタシーの経験がないコも意外に多く、4人に1人は経験なしと答えている。「**初めてイッたのは3ヶ月前。一度イケたらがんがんイケるようになった。今じゃ1回で10回くらいは平気でイケる**」(女子大生・22歳)というコも。うん、わかるわかる。

オナニーは、やはり指やシャワーが中心だ。「**クリトリスを2本の指ではさんでコネまわす**」(フリーター・18歳)「**中指の腹の部分でクリトリスを撫でる**」(OL・24歳)というあたりが王道か。女のコだってオナニーして当たり前。恥ずかしいことじゃないよね。

(18歳〜20代　100人調べ)

V

ワクワクランド

いつもと違うHがわかる――上級ランド

LOVECATION

ちょっとしたテクニックや、雰囲気を変えたりするだけで、もっと気持ちよく刺激的に。ふたりでもっと楽しむいろいろなエッチ。

たまにはベッドを脱け出して

ベッドでの濃密エッチもいいけれど、たまにはベッドを脱け出して、ちょっと違った場所で愛し合ってみよう。いつもと違うシチュエーションが刺激になってとても新鮮！ドキドキ、ワクワク、素敵なエッチが楽しめるはず。

楽園レシピ①

バスルームバブルエッチ

泡だらけでふざけ合いつつ陽気にどんどんエッチな気分に！

ベッド以外で裸になって、ふたりで親密に楽しく過ごせるスペースの第一候補は、なんといってもバスルーム。最初はちょっと恥ずかしければ、バブルバスにしてバスタブを泡だらけにすればOK。ふたりで泡だらけになって、見つめ合ったり、ふざけ

プカプカ浮遊感が気分

バスタブの中で愛し合うと、浮力が働くからいつもと違ってちょっと不思議な気分。ただし、お風呂でのエッチは滑りやすいから注意。

合ったりしているうちに、きっとどんどんエッチな気分に。その先は、ヌルヌルした感触を楽しみながらふたりで洗いっこしてもよし、お互いにシャワーを当てて気持ちいい感触を楽しむもよし。ふたりで裸でいることがうれしく愛しく思えてきたら、もっとカラダを寄せ合って愛し合っても。今までよりもっとなかよしになれちゃうはずです。

泡だらけで洗いっこを

泡だらけになったら洗いっこを。シャボンをつけて指を滑らせれば、とっても気持ちいい愛撫になる。

秘テク3ヶ条

- まずはふたりで一緒にバスタブへ。向かい合って気分を高めて。
- シャボンをつけたら、感じる場所に円を描くように愛撫を!
- お風呂ならではの浮力を利用していろんな愛撫を楽しもう!

シャワーが気持ちいい!

温かくって、くすぐったくって、シャワーの水圧が気持ちいい! お互いの感じる場所にじっくり当てれば、たまらない快感!

OTHER VARIATIONS

家の中でも、ベッド以外の場所でのエッチはまた新鮮。たとえば、リビングのソファーの上でのエッチだって楽しい。

楽園レシピ②

ベランダでエッチ

見られてるかもしれない！そう思うともっとドキドキ

夜景のきれいなベランダでのエッチはどうだろう？　彼女は手すりに手を突いて、カレは立ったまま後ろから重なり合う。上半身は着衣のまま、下半身だけこっそり脱いで。遠くから見れば、ベランダで仲良く星空を眺めているようなふたり。でも、誰かに見られてたら…と思うとスリルもあってドキドキ間違いなし。

楽園レシピ③

オフィスでエッチ

昼間の自分とのギャップが背徳感をあおって燃える！

休日や夜中の誰もいないオフィス。いつもはエッチなそぶりも見せず、まじめに働いている場所で、こっそりもうひとりの自分を解き放ってみます。最初はデスクに寄りかかってキスするだけでもとても感じちゃうはず。アソコが潤んできたら、もっと大胆になって、デスクの上で脚を広げて。背徳感が熱いスパイスになって、すっごく燃えてしまうかも。

楽園レシピ④

クルマでエッチ

クルマは動く個室。素敵なロケーションを選ぼう!

一番のポイントは、クルマは動く個室だということ。素敵なロケーションを選べば、フロントガラスから見える景色がなによりの演出に。ふたりで落ち着ける場所を見つけたら、キスを交わしながらシートをリクライニング。狭いけど、密着感と吐息がこもる感じがエッチ気分を増幅してくれます。

楽園レシピ⑤

海辺でエッチ

濡れた水着を外して情熱のおもむくままに

水着でいれば平気なのに、太陽の下、それをちょっと外して裸になると、不思議とすごくエッチな感じ…。そんなギャップにドキドキするのもいい感じ。火照ったからだのまま情熱的に、岩陰でちょっと水着をずらしてエッチを。アソコに砂が入ったりしないように、海辺ではちょっと大胆な立位やバックがおすすめ。

楽園レシピ⑥

南の島でエッチ

リゾート気分満喫で思いきり大胆なエッチを

ふたりきりのコテージやビーチサイド。せっかく南の島に飛んだら、思いっきり開放感に浸って、いつもはできないような大胆なエッチを満喫しよう。南国の陽射しの下、ふたりとも裸のまま、ビーチマットを持ち出して、オイルだらけの愛撫を楽しんだり、夕日を見ながら愛し合ったりもおすすめ。

ヌルヌル、ペロペロで快感倍増！

まだ未体験なら、ぜひ1度トライしてもらいたいのが、ローションやオイルを使ったプレイ。ヌルヌルした感触を楽しみながら、愛撫したり、カラダを擦り合わせたり。リラックスできて、快感も倍増します！

楽園レシピ⑦

アロマオイルヌルヌルエッチ

上手にカラダを滑らせ合ってひと味違った感触を楽しもう！

リラックスと快感の間には密接な関係があって、ココロとカラダがリラックスすれば、性感も覚醒して、快感は確実に増幅されます。そこでおすすめなのが、オイルやローションを使ったヌルヌルエッチ。まずは理屈抜きで塗り合いっこをして、ヌルヌルカラダを擦り合わせたり、全身をマッサージしたりしてみてください。文句なしに楽しく、滑るような感触が気持ちよく、リラックスすると同時に、エッチな気持ちもどんどん膨らんでくるはず。それこそ全身が性感帯になってくるから、いろんなところをヌルヌル滑らせ合って楽しもう。アロマオイルを使えば、香りも心地いい。もうほんと、気持ちいいんだってば！

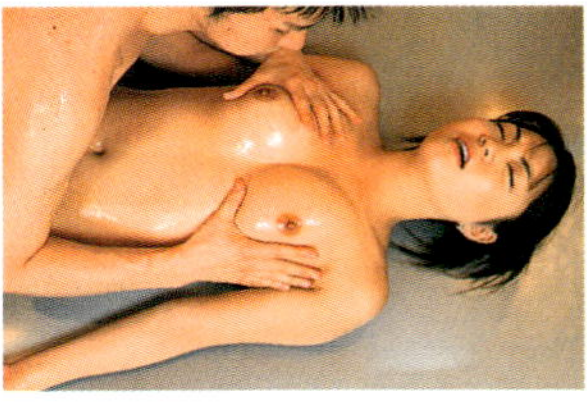

マッサージするように

気持ちいいところを気持ちいい強さで指先を滑らせるのが基本。オイルのヌメリにまかせてマッサージするように愛撫しよう。

アロマキャンドルを灯す

部屋の明かりを消してアロマキャンドルを灯すのもおすすめ。ロマンチックな雰囲気と心地いい香りが、リラックスを手伝ってくれる。

抱き合ったまま垂らす

オイルは、抱き合ってぴったりカラダを合わせたまま、胸のあたりに垂らすのもいい。そのままカラダを擦り合わせて広げればOK

秘テク3ヶ条

- エッチの前のオイルマッサージは効果大。感度UP確実!
- アロマキャンドルで光と香りの演出も加えてリラックス
- マッサージ用の専用マットを用意すれば思いきり楽しめる

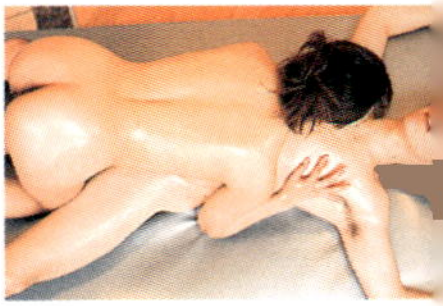

彼女も上になって

マットを用意してその上で思いきり体を滑らせ合うのがおすすめ。円を描くような動きが気持ちいい。彼女も上になって。

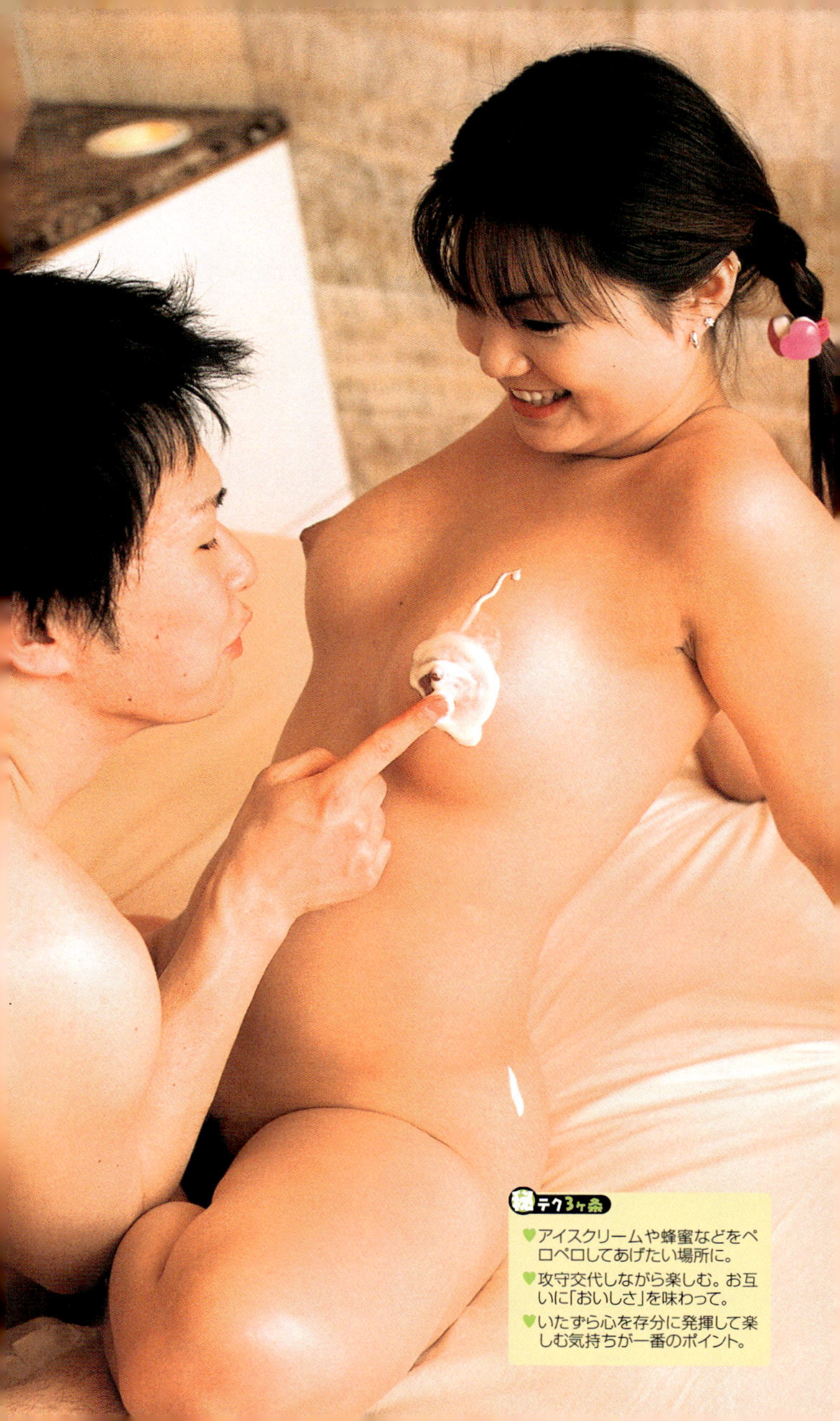

テク3ヶ条

- アイスクリームや蜂蜜などをペロペロしてあげたい場所に。
- 攻守交代しながら楽しむ。お互いに「おいしさ」を味わって。
- いたずら心を存分に発揮して楽しむ気持ちが一番のポイント。

楽園レシピ⑧

アイスクリームペロペロエッチ

ほんとにスイートになった彼女をペロペロしちゃおう!

いたずら心いっぱいに彼女をデコレート。乳首にアイスクリームを塗って、それをペロペロしてあげちゃおう。最初は「冷たい!」って感触でも、ていねいに、余さず味わうようにペロペロするうちに、彼女もだんだん感じてきちゃうはず。彼女に「おいしい?」なんて尋ねられたら、それこそ「食べちゃいたい」なんて気分になるはず。アイスクリーム以外でも、感じる場所にスイートなものをトッピング。いたずらっぽくペロペロいただいちゃうのがポイント。アイスクリームで甘くなった口でキスを楽しんだり、フルーツを両端から一緒に食べてキスしたりもあり。味覚とミックスしたペロペロプレイを楽しもう。

スイートでペイント

肌に塗ってペロペロ舐められるペイントクリームなんてのも存在する。いろんな味に彼女を塗り分けてペロペロ。センスが問われる!?

氷も刺激的な小道具に

口移しでキャッチボールを楽しんだり、ちょっと溶けてきた氷を、カラダや感じる部分に這わせて刺激したり。氷も刺激的な小道具に。

How to ラブ・マッサージ

オイル・マッサージの効用

一番注目したいのは、触覚刺激によるリラクゼーション効果。タッチセラピーというのがあるくらい、触れるという行為には人を癒す力があって、まずは心地よく触れ合えるということが大切。さらにマッサージは、ストレスで滞った全身の“流れ”をよくしてくれます。リラックスして全身の感覚が気持ちよく目覚めれば、もちろん性感もアップします。

まずは、うつぶせでスタート!

(お尻・脚の付け根)

背骨の下の仙骨(お尻の三角の骨)から外側へ、ヒップの丸みに沿って円を描くようにマッサージ。お尻のえくぼは刺激すると効果的なツボ。

(足裏・脚)

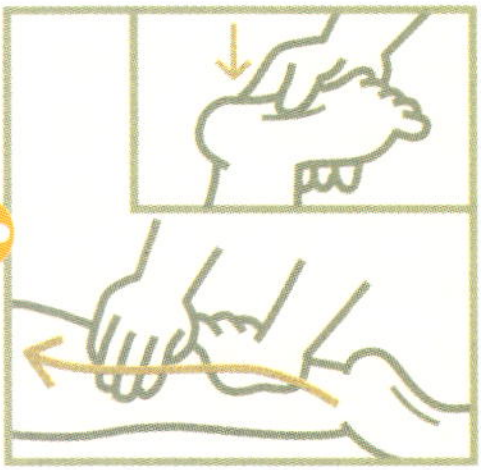

足裏は土踏まずの部分にツボが集中しているので、親指で揉みほぐす。脚は足首から膝、膝からヒップへと手のひらで押し込むように流す。

(背中・腰)

背中上部から腰に向かって両手でさするようにリンパのラインを流す。次に親指を背骨の両脇に沿わせて腰のツボも意識しながら流してやる。

マッサージの基本

1 方法

手のひらを皮膚に密着させ、ゆっくりしたストロークで行う。

2 方向

カラダの末端から中心(心臓)に向かって行う。

3 どこを

気持ちいいところを、気持ちいい強さで、気持ちいい時間マッサージを。

(耳・首)

左右の手で交互に首の後ろを流すようにマッサージ。次に首の外側のスジに沿ってやさしく流す。鎖骨の内側を肩から内へさするのも効果的。

(腕)

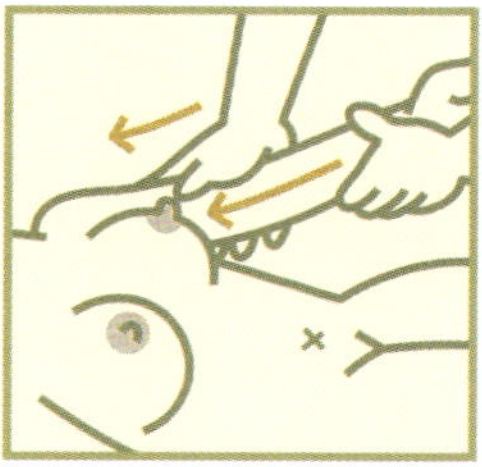

腕の内側と外側のそれぞれ軽く押すと気持ちいいライン(経路)に沿って、親指を当てて手首から腕の付け根まで流し込むようにさすり上げる。

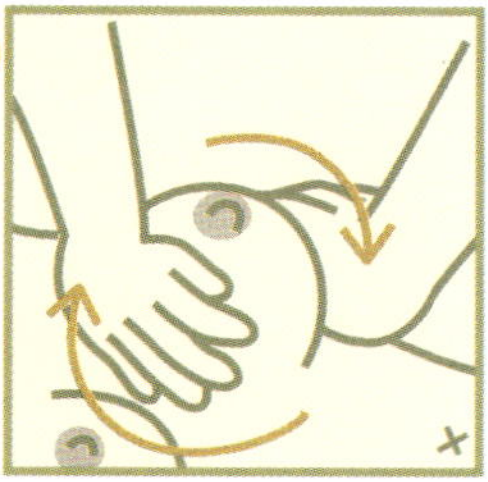

(胸) バストは両手で上下にやさしく包み、上の手は内側から外側へ、下の手は外側から内側へ、円を描き、脇の下に流し込むようなイメージで。

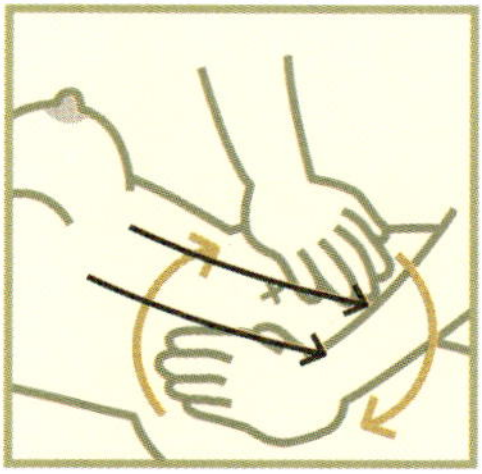

(お腹・脇腹)

おへそを中心に左から右へ、手のひらを交互に回して、円を描くようにさする。また、肩口から下腹部まで左右交互に真っすぐ撫で下ろす。

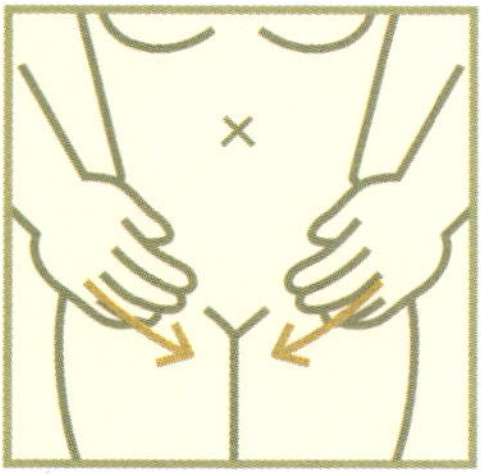

(ビキニライン)

ビキニライン(=鼠径部)に沿って、上から下へ四本の指でさするように流す。硬い部分をほぐすことで、骨盤内の血行の改善を促す。

オイル、ローションの基礎知識

滑りをよくする潤滑剤として使用されるローションと、マッサージ用のオイルというイメージもありますが、どちらもそれぞれヌルヌルプレイ、マッサージに使用OK。あえて違いをいえば、ローションはちょっと粘度が高く、オイルはサラサラした感じ。もっとも今はいずれも種類豊富で、香りや味、機能(効用)もさまざま。こだわらずにお気に入りを探そう!

もうひとりのワタシになるカレになる

変身願望って誰でもあると思うけど、ときには思い切っていつもの自分とは違う自分になってみる。たとえば、思いきりセクシーなランジェリーで装ったり、コスチュームを楽しんだり。カレも興奮間違いなし！

楽園レシピ⑨

いつもと違うランジェリーエッチ

セクシーランジェリーで装ったら思いっ切りカレを誘惑して

昼はなかよしラブラブモード。だけど夜、ひとたびベッドに入ったら、グッとセクシーな大人の女に大変身。どちらも同じ自分だけど、意識してそんなふうにギャップを楽しめたらかなり楽しい。そこでぜひ楽しみたいのがランジェリー。ときには思いっ切り大人っぽく、セクシーなランジェリーを身にまとい、カレを誘惑してみて。いつもと違う雰囲気に興奮度アップ間違いなし。まずおすすめはガーターベルトにストッキング。ガーターベルトは着けたまま、ショーツをズラして…なんていうのも刺激的。キュートに迫りたいときは、かわいいキャミソールやベビードールも。いろんな表情でカレをドギマギさせちゃいましょう。

着けたまま楽しむ

せっかくのセクシーランジェリーだから、着けたままを存分に楽しんで。カレの手がランジェリーに伸びたらやさしく脱がしてもらう。

キャミでキュートに

キュートに迫りたいときは、かわいいキャミソールを選んで。セクシーなあなたとのギャップがまた新鮮で、思わず抱きしめたくなる。

秘テク3ヶ条

- メイクや照明にもちょっとこだわってさらにセクシーな演出を!
- ガーターベルトにストッキングは着けたまま愛撫を楽しんで
- セクシーに、キュートに、小悪魔的に…いろんな顔を見せて!

エッチなランジェリー

ふたりで楽しむ余裕が出てきたら、カレの好みも意識して選択を。色、デザイン…。こんなふうに思いきりエッチなデザインも。

楽園レシピ⑩

なりきりコスプレエッチ

ふたりだけのストーリーのなかでエッチを楽しむ!

エッチするときにいろんなコスチュームに着替えて、その役になりきって楽しむのがコスチューム・プレイ、略してコスプレ。看護婦、教師、スチュワーデス、バニーガール、ウェートレス、レースクイーン……。コスチュームに着替えて、そのキャラになりきることで、いろんなシチュエーションを想像して刺激的なプレイを楽しむのがコスプレの醍醐味です。自分たちで設定を考えて、ふたりで思いきりハマリ込むことが大事。設定次第で、ふだんは口に出せないようなセリフを楽しんでみたり、役の中だからこそできる潜在的な願望を満たしてみたりして。イマジネーション豊かに、ぜひいろんなエッチを楽しんでみて。

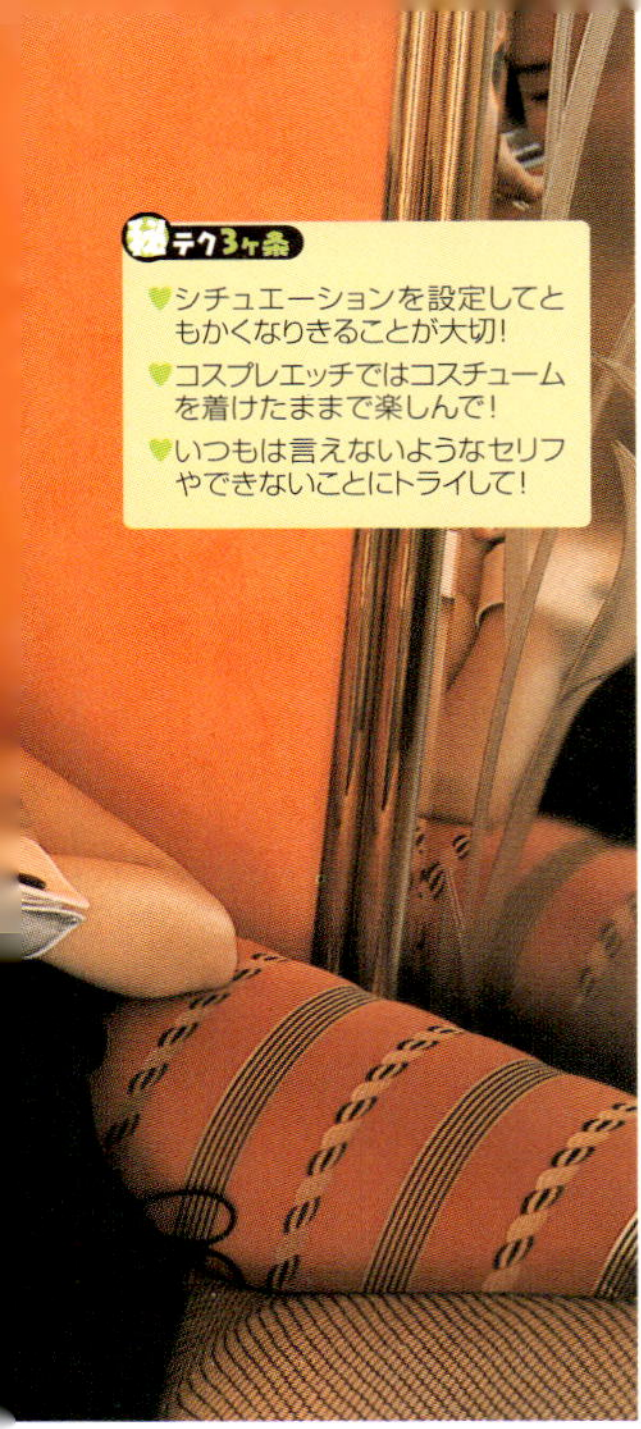

秘テク3ヶ条

- シチュエーションを設定してともかくなりきることが大切!
- コスプレエッチではコスチュームを着けたままで楽しんで!
- いつもは言えないようなセリフやできないことにトライして!

バニーガール!

バニーガールは男性の憧れのひとつ。本来はセクシーだけど手を伸ばせないはずが、おうちにしかも自分だけのバニーって、いいかも。

制服は着けたままで

コスプレを楽しむときは、なるべくコスチュームを着けたままでプレイするのがポイント。それが想像力をかき立ててくれるわけだから。

わざとエッチに演出

コスチュームを隙なく着こなすだけじゃなく、少々変則でも、ちょっと着崩したり、わざとエッチな部分を強調したりすると刺激的。

ちょっとだけSMチックでドキドキ

いつものエッチにちょっと刺激がほしいときは、ソフトSMなんてけっこうおすすめ。本格的なSMはNGでも、責めたり責められたりという願望は誰にもある。信頼できる相手とだからこそ楽しめる大人の快楽!

楽園レシピ⑪

目隠し拘束エッチ

見えない動けないってだけですごく五感が敏感になる!

SMというとかなり過激なことをイメージする人もいるかもしれませんが、ここでのおすすめはあくまでソフトSM。いつものエッチに、ちょっとスパイシーにSM的な要素を取り入れてみるだけで、新鮮な興奮が感じられるはずです。そこでまずおすすめなのが、目隠しと拘束。目隠しされての愛撫は、次にどこを触られるかわからず、かなりドキドキ。また、手を縛られたりしてちょっと自由を奪われるだけでも、不思議と感度が高まってしまう。五感がすごく敏感になって、少しの刺激がものすごい快感に感じられたりすることも。ただし危険なことのないように、縛るときもあくまでソフトに。それで充分効果的です。

手を軽く拘束する

ネクタイやパンストで軽く手を拘束する。ちょっと自由を奪われて、相手のなすがままという状況がかなりの興奮を誘ってくれるはず。

目隠しした耳元で

目隠しして視覚を奪うと、ちょっとした不安感とともに他の感覚が鋭敏に。愛撫はもちろん、耳元でエッチなことをささやくのも効果的。

⬅豹柄のかわいい手錠。こんなアイテムなら抵抗感なく使えるのでは。

➡アイマスク、手錠、フェザーのセット。フェザーでくすぐるように刺激を。

秘テク3ヶ条

- ♥手を拘束するのは、ネクタイやパンストなど身近なものでOK
- ♥目隠しプレイでは予測不能のドキドキ感を意識して愛撫を。
- ♥SMチックな気分や世界に浸ることでますます興奮するはず。

秘テク3ヶ条

- 鏡の前ではわざと大きく脚を開いたり、エッチなポーズを。
- 恥ずかしいことを見せるときは、耳元でさらにエッチな言葉を。
- 恥ずかしいけどこんなに感じているんだという意識を強調して!

相互愛撫を楽しむ

お互いの性器をお互いによくわかるように触り合ったり、あるいはオナニーの見せっこなどで恥ずかしい気持ちを高めていくのもあり。

恥ずかしいポーズを
愛撫やエッチの中にわざと恥ずかしいポーズを取り入れていく。たとえばこのようなまんぐり返し。同じ愛撫でも全然感じ方が違う。

楽園レシピ⑫

鏡の前で恥ずかしエッチ

恥ずかしいと感じれば感じるほど興奮してしまう！

SMチックなプレイでさらに外せない要素といえば〝恥ずかしさ〟と〝焦らし〟。「恥ずかしい」という思いが、でも興奮をあおって思わず燃えてしまったなんて経験が誰でもあるのでは。そんなふたりにぜひおすすめしたいは、鏡の前でのプレイ。恥ずかしい格好をした姿を鏡で見せられたり、愛し合いながら感じる自分を見せられたりすると、すごく恥ずかしいけど、いっそう感じてしまうかも。そしてもう一つ、大事な要素が焦らし＝おあずけ。すごく感じてきて、欲しくてたまらないとわかっていても、まだあげない。焦らされるほどにやはり燃えちゃう。そんな駆け引きを楽しめたらエッチはもっと盛り上がります。

楽園レシピ⑬

コトバ責めエッチ

こんなに感じて恥ずかしい…という気持ちをあおってやる！

エッチをしながらの言葉での愛撫、しかも恥ずかしさをあおるように言葉を浴びせるのが“コトバ責め”。たとえば「あーあー、こんなに濡らしちゃって。エッチな女だ」とか。感じてる自分、乱れてる自分を自覚させるようにするのが有効。あるいは逆に、ふだんは口にできないような恥ずかしいコトバをわざと言わせるのも効果的。

思わず感じちゃったハズかしいコトバ

♥「すっごく濡れてジュポジュポいってる。ほら、おまえのアソコの音じゃん」♥「何が欲しいの？ちゃんとコトバにして言ってみな」♥「ボクのをペロペロしてほしいっていってごらん。そしたら舐めてあげる」♥「すごい! クリがふくらみまくり!!」

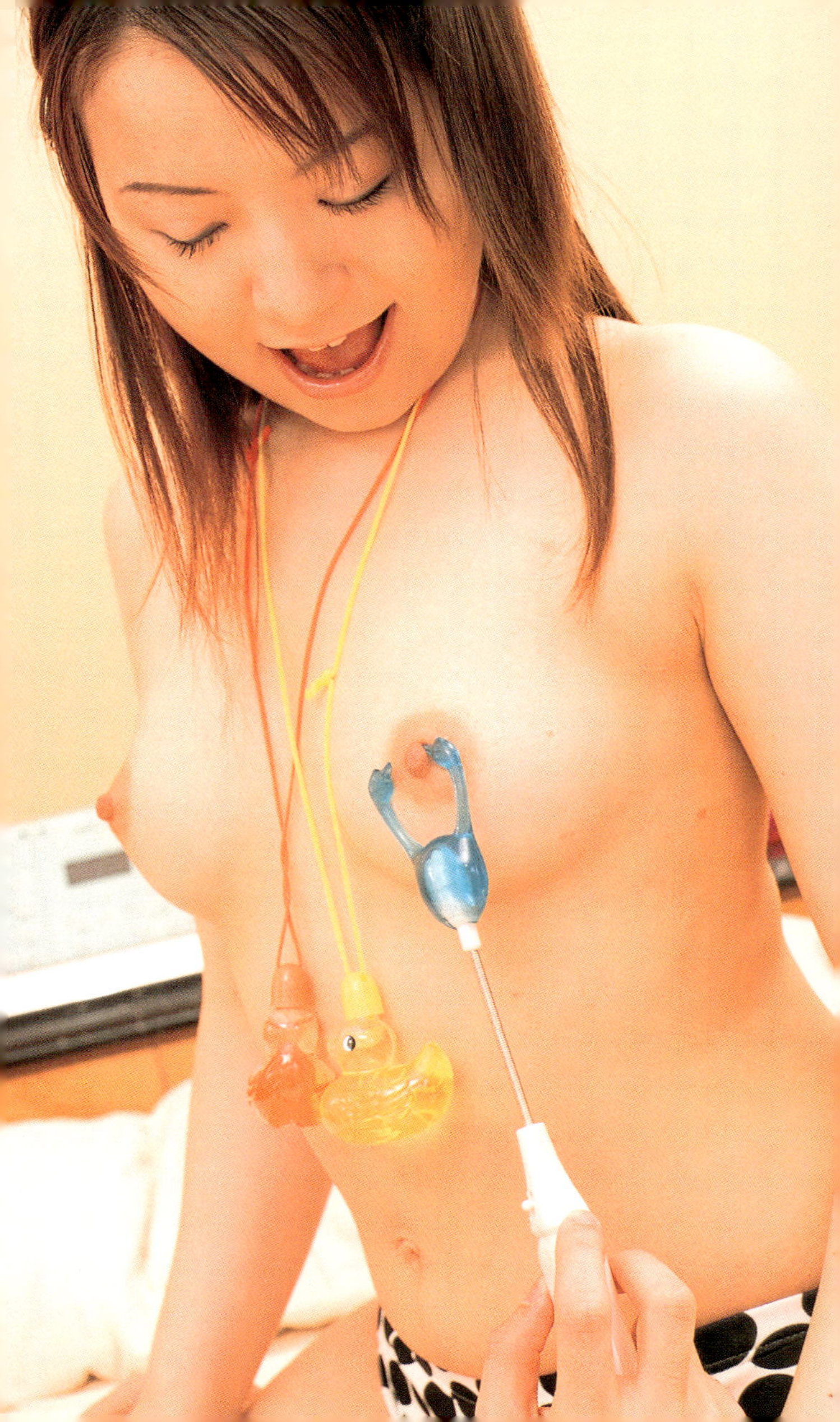

楽園レシピ⑭

ラブグッズ快感エッチ

グッズならではの快感をふたりで上手に活用しよう！

もっと自由に!! グッズで楽しむ…

アダルトグッズっていうと、かつては変態ぽいイメージがして、敬遠していた人も多いはず。でも、今は女性も開発に加わって、デザインやカラーもキュートなものが増えている。もっと自由にもっと積極的に楽しもう!

デザインやカラーもキュートになって、今や案外抵抗感なく使ってる女のコも増えているラブグッズ(アダルトグッズ)。そもそもラブグッズは、エッチを楽しむためだけに作られた専用のグッズ。上手に活用すれば、もちろん気持ちいいわけで、もっと自由にふたりのエッチに取り入れてもいい。たとえばバイブやローター。いきなり入れたりしなくても、敏感な部分に微妙な振動を当てるだけで、いつもとちょっと違う感覚が新鮮なはず。もちろん、女のコからカレに使ってもOK。グッズならではの刺激や快感を、上手にプラスアルファしよう。ただし、使うときには充分清潔に、お互いの同意を得て使用しましょう。

カレにも使ってあげる

女のコからカレに使ってあげるのもあり。乳首とか陰のうとか、カレの敏感な部分を刺激してカレの感じる顔をみてるのもいいかも。

デザインも キュート

上からメディカルローター、ダックローション、つまめるバイブレーター・スワン(問 いずれもa)。デザインは見た通り。ローターはカラダに優しいソフト素材が使われているなど、最近は素材も工夫され洗練されている。

極テク3ヶ条

- デザインやカラー、素材などにこだわってキュートなものを!
- お互いに気持ちいいところに当てたり、自由に楽しもう!
- 痛くないように、相手の反応を見ながら使うやさしさを。

GOODS INFORMATION

ローター

楕円形（卵形）の振動部とコントローラーでできていて、振動を好みの強さに調整しつつ、乳首やクリトリスなど敏感な部分に当てて刺激するのがポピュラーな使い方。そのままでは刺激が強すぎるという場合はコンドームなどをかぶせても。小型で使いやすいので入門用としてもおすすめ。写真／メディカルローター ￥3800（問a）

バイブレーター

基本形はペニスのカタチでコントローラー一体型。膣内に挿入して振動させます。クリトリスやアナルを同時に刺激できるカタチもあり、振動するだけでなくうねるような動きも。素材は粘膜にやさしく、気持ちいいシリコンがおすすめ。ゴムウレタンのものにはコンドームをつけて使用を。写真／シャーベッツ ￥5800（問a）

ローション

濡れにくいときに潤滑剤として使ったり、お互いのカラダに塗ってマッサージやローションプレイを楽しんだり。ヌルヌルした感触が気持ちいい。最近は味や香り付きや、塗ると肌が温かくなるもの、ハーブ配合のものなど、バリエーションも多いからお気に入りを見つけて。写真／オーガニックローション
￥1800（問a）

媚薬

主に局部に塗布することで快感や感度を高めたり、飲用することで催淫作用や強壮作用があり、気分を高揚させたり興奮を高めたり。いつもと違う快感を引き出すもの。写真の2つはそれぞれヴァギナ用とペニス用のクリームで、快感を高めてくれるもの。写真／右・リップバーム、左・ペニスバームともに￥1800（問a）

ユニークラブグッズ

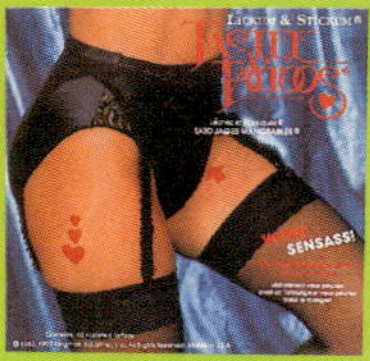

CANDYシール
キャンディが星やハート型をした薄いシールになっている。これを感じるスポットに貼ってナメナメしてもらうグッズ! ¥980(問b)

ペニスキャンディ
ペニスの形のキュートなキャンディはフェラチオテク学習用! これなら「ここをこうさぁ」なんて会話も楽しめそう。各¥480(問b)

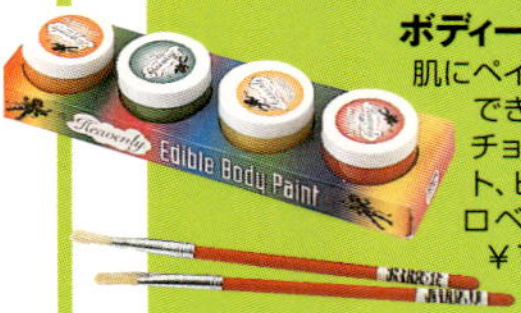

ボディーペイントチョコ
肌にペイントしてペロペロできちゃうカラフルなチョコクリーム。ミント、ピナコラーダ、ストロベリー、バナナ味。¥1800(問a)

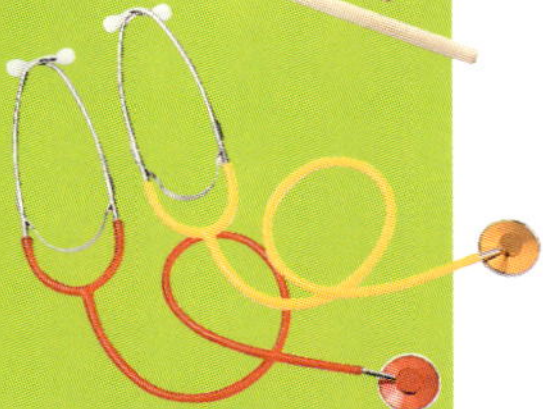

カラー聴診器
ポップなデザインだけどちゃんと医療用の聴診器。エッチなお医者さんごっこで、カレや彼女の心音を聴いてみる? 各¥2980(問b)

マイリポート

「彼氏にベッドに手足を縛りつけられて、ローターでクリトリスを責められまくったんだけど、ヤバイ。もうどうしようかってくらい感じちゃった」(22歳・OL)
「入れちゃう前に、私が上になってローション素股。カレもすっごく喜んでくれるんだけど、実は私もクリトリスがよくって…ヤミツキかも」(21歳・美容師)
「目隠ししてバイブ使うとすごいよ。バイブがほんとのペニスみたいな気がしてきてどうにかなりそう」(24歳・OL)
「カレが入ってきて、どんどん感じてきてるときにローター使ってもらうのが好き。ピストンしながら乳首とかクリとかにあててもらう」(21歳・学生)
「カレが気に入ってて、ローション塗ってタマタマにローターを」(20歳・OL)

SHOPS

a LOVE PIECE CLUB
東京都千代田区一番町3-7
カーサー番町501
☎03-5226-9072
http://www.lovepiececlub.com

b LOVELYPOP
東京都杉並区高円寺南4-25-3
ソネビル3F
☎03-3315-2008
http://www.lovelypop.com

●どちらのショップも女性スタッフが女性の視点でグッズを揃えた専門店。2店とも通信販売も可能。詳しくはお問い合わせを。

ブティックホテルへ行こう!

ふたりきりでまったり過ごしたい、思いきりエッチしたいというときは、ブティックホテルへ行こう!　今どきのブティックホテルは部屋のセンスもいいし、楽しい演出もいろいろ、しかもリーズナブルに楽しめる!

楽園レシピ⑮

ブティックホテル満喫エッチ

ブティックホテルはエッチのワンダーランド!

ふたりきりでまったり過ごしたいときや、思いきりエッチを楽しみたいとき、今や有力な選択肢のひとつは間違いなくブティックホテル。昔の「ラブホ」のイメージからは一新。今は清潔感があって、内装やインテリアもおしゃれでシンプルなのが主流。しかも大画面TVやジャグジー付きのバスルームくらいは当たり前、カラオケやゲーム、DVD、AVやラブグッズ…、さらには、プールやバルコニー、露天風呂などのある部屋も、と至れり尽くせり。それでいて、値段は普通のホテルに比べてもリーズナブル。それぞれ個性的だからふたりで部屋選びをするのも楽しいはず。これはもう、思いきり満喫するしかないのでは!?

CHECK ITEMS

□ジャグジー	□サウナ	□カラオケ	□ゲーム
□ラブグッズ	□AV	□DVD	□大画面TV
□ビデオ	□レンタルコスチューム		□ラブマット
□プール	□バルコニー	□露天風呂	□バー

HOTEL INFORMATION

採光も豊かで南国リゾートの雰囲気いっぱいの901号室。テラスからは横田基地の滑走路がパノラマで楽しめる!

LA FESTA YOKOTA

国道16号線沿い、横田基地の向いに立つリゾート気分いっぱいのホテル。900番台の部屋はバスルームまで採光豊かで、パノラマビューが最高!　㊐東京都西多摩郡瑞穂町大字石畑1219-1
☎ 042-539-2111
http://www.festae.com

VII

健康ランド

正しく知っておく――病気と予防のランド

LOVECATION

避妊や性感染症の知識はとっても大切なこと。お互いにお互いをいたわって、セイフティセックスを心がけよう。

避妊の知識を身につけよう!

1

うっかり「デキちゃった」なんてことのないように、正しい避妊法と、妊娠を準備する女のコのカラダについて知っておこう。

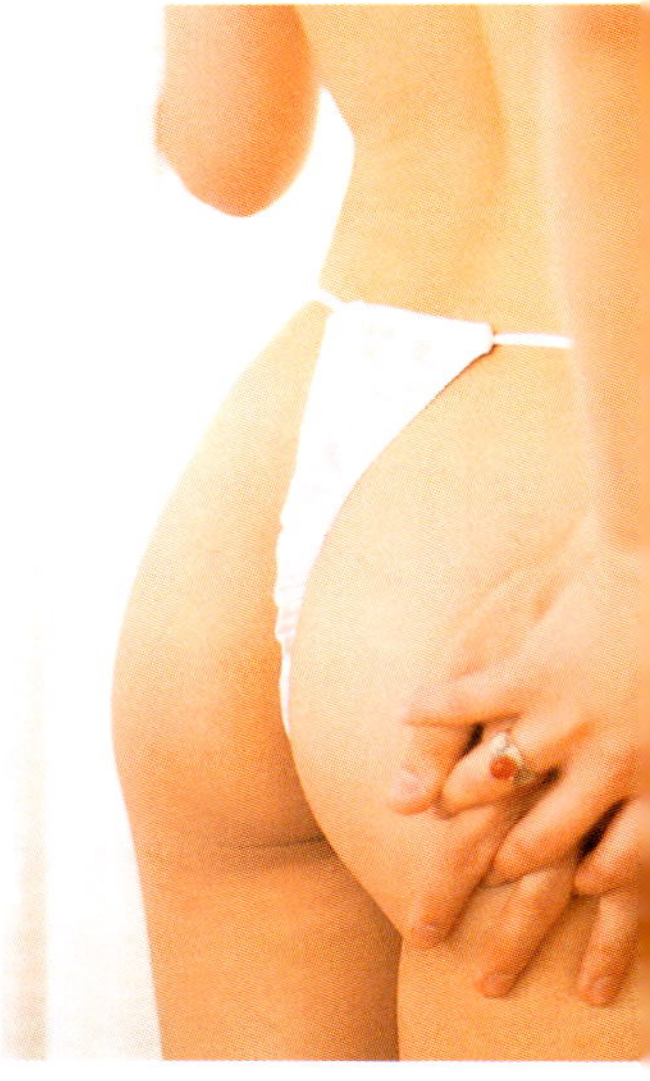

避妊はふたりの責任 正しい知識を身につけよう

セックスの元来の目的は子孫を残すことだから、エッチをすれば妊娠するのは自然な流れ。だから、元気な赤ちゃんを産むためにも、素敵なエッチを楽しむためにも、避妊はとっても大切なこと。デキちゃって仕方なく中絶したり、深刻な性感染症に悩まされたり、それが原因で妊娠できないカラダになってしまったら? たしかに避妊は面倒。だけど、避妊のこと、妊娠を準備する女のコのカラダのことを知っていたら「安全日なので大丈夫」とか「生でしたい」なんて簡単には言えないはず。

不本意な妊娠をしてしまったら、それはふたりの責任。カレだけじゃなくて、避妊を怠った女のコだって悪いのです。そうならないためにも、カレひとりにまかせたりしないで、女のコから「避妊して」って言えるくらいの勇気も必要。コンドームだって自分で用意して、カレにつけさせるくらいの気持ちが大切です。

日本における避妊の大半はコンドーム。安全で使いやすく、確実だから。でも、避妊法には基礎体温法、ピル、殺精子剤、ペッサリー、女性用コンドーム、IUD(避妊リング)などいくつかの方法があって、それぞれ長所と短所があります。ふたりの健康状態やライフスタイルに合わせた方法を探してみましょう。

知っておきたい妊娠のしくみ

受精するって？ 着床するって？

妊娠のしくみについて、詳しく知っている女のコは案外少ないようです。自分のカラダの中で起きることなのだから、しっかり覚えて！

妊娠のしくみを理解すれば避妊の基本もわかってくる

きちんと避妊をマスターするためには、妊娠が成立するメカニズムについて知っておくことが大切です。

膣内に入った精子（約1億から4億個）は子宮を目指して突入します。この間、膣内の酸や白血球にジャマされ、精子の数は半減します。精子が卵管にたどりつき、卵子とめぐりあうと、その瞬間、卵子は膜を張ってほかの精子を寄せつけないようにします。精子はそのまま受精卵となって分裂。卵管内の細い毛によって子宮内膜に送り込まれ、ふたつ、4つ、8つと細胞分裂を繰り返しながら、最終的には100個以上の分裂した細胞のカタマリとなって子宮に着床するのです。ここまでに約1週間の時間がかかり、子宮に着床した状態を受胎といいます。

妊娠日数は、最後の生理が始まった日を1日目と計算するので、たとえば生理が1週間遅れて妊娠に気がついたとしたら、そのときには妊娠5週目に入っていることになります。

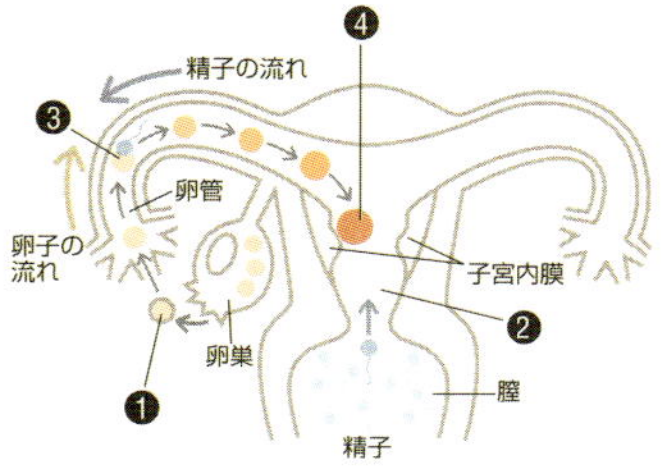

❶ 成熟した卵子が卵胞から飛び出し、卵管にキャッチされ、精子を待つ

❷ 精子が膣内に侵入し、子宮を目指す。白血球に食べられるなどして精子の数は半減

❸ 一番先にたどりついた精子が卵管で待っていた卵子にもぐりこみ、受精卵となる。卵管にたどりついた精子はそのまま2、3日間生存するので、たとえ卵子がいなくても、そこで待つことができる

❹ 受精卵は分裂をしながら子宮内膜に運ばれ、着床する

女のコのカラダには リズムがある

安全日って、本当に大丈夫？

女のコのカラダは、妊娠に備えて毎日変化しています。基礎体温を計れば、4週間ごとに繰り返される変化のリズムがわかるはずです

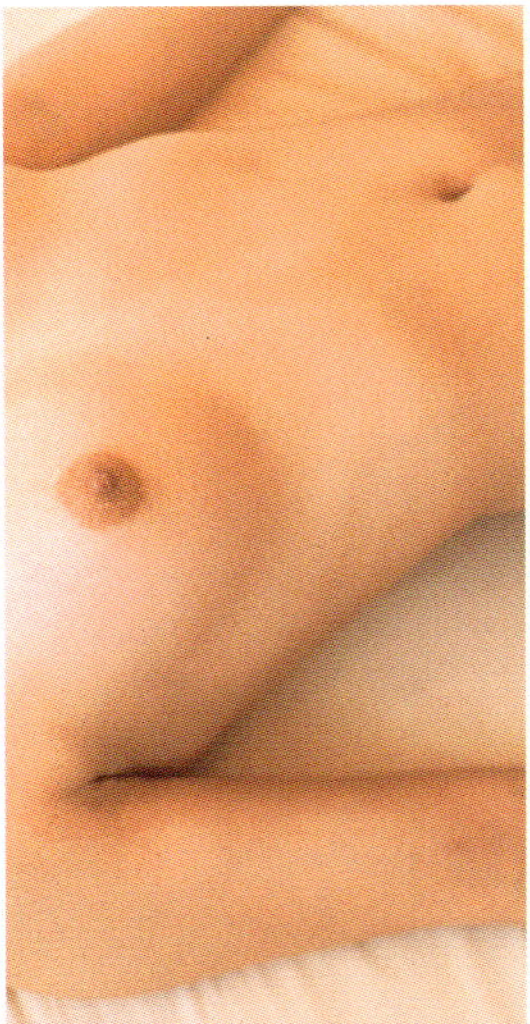

安全日と危険日は生理の周期と関係している

女のコのカラダには、妊娠しやすい日（＝危険日）と、しにくい日（＝安全日）があって、これは生理の周期と関係しています。

1カ月間、目が覚めてすぐに「基礎体温」を計ってみれば、体温の高い時期と低い時期がおよそ2週間ごとに繰り返されていることがわかるはず。このとき、低温期から高温期に変わる直前が排卵日で、この前後は妊娠しやすいと考えられます。卵子の寿命が24時間、精子は3日間といわれているので、排卵日の前後（3～5日間）が「危険日」と呼ばれていますが、まれに卵子と精子の寿命が長くなることもあるので、もう少し幅をとっておく方が安全です。また「生理中は妊娠しない」というのは間違い。生理後すぐに排卵することもあるから生理中でも避妊は忘れないこと。

とくに20代前半ごろまでの女のコのカラダは、ちょっとしたことでホルモンのバランスを崩しやすいもの。エッチの刺激で排卵が起きることもあるし、悩みごとが原因で生理の周期がズレることも。不規則な生活をしていれば基礎体温の誤差も大きくなります。だから、妊娠しにくい「安全日」でもおろそかにしないで、きちんと避妊するように心がけましょう。

基礎体温と月経周期

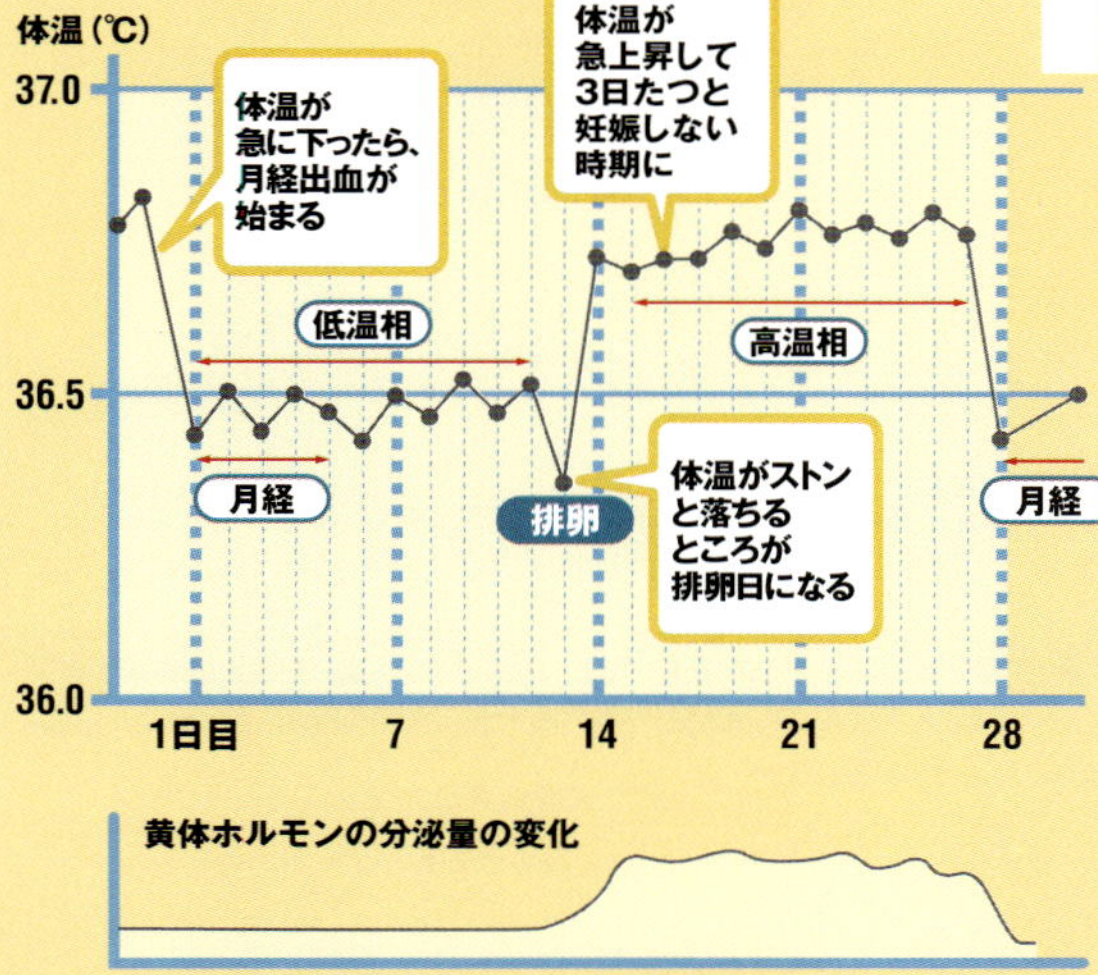

体温（℃）
37.0
36.5
36.0
体温が急に下ったら、月経出血が始まる
体温が急上昇して3日たつと妊娠しない時期に
低温相
高温相
月経
排卵
体温がストンと落ちるところが排卵日になる
月経
1日目
7
14
21
28
黄体ホルモンの分泌量の変化

安全日って？ 危険日って？

毎朝目が覚めたら、ベッドに横になったまま基礎体温を測ってみよう。健康な女性なら、体温の高い時期と低い時期が繰り返される。低温期が続いたあと、ストンと体温が下がるときがあって、この日が排卵日。最も妊娠しやすい「危険日」は排卵日の前後（3～5日間）といわれている。その後、体温が高温期に入り2、3日経つと「安全日」。次の生理までは妊娠しにくい時期となる。基礎体温は、体調の変化によってもズレが生じるため、3カ月以上続けて測定してグラフを作り、体温の変化のリズムを認識しておこう。

避妊法のいろいろ

膣外射精は避妊じゃない！

避妊するには、いくつかの方法があって、それぞれ長所と短所があります。では、避妊率が一番高いのはどの方法なのでしょうか？

覚えておきたい避妊方法のいろいろ

避妊の方法には、コンドーム、基礎体温法、ピル、殺精子剤、ペッサリー、IUD(避妊リング)などいくつかあります。精子を子宮の中に入れないようにするコンドーム、排卵をストップさせるピル、受精卵が着床するのを防ぐIUDが代表的です。

　エッチを経験した女のコの中

	長所	短所	値段
	避妊だけでなく性感染症を防ぐ。コンビニや薬局で手軽に購入できる。副作用もない	男性主導の避妊方法なので、カレの協力が必要。挿入感覚がやや劣る	1ダース ¥1000前後から
	女性が自主的に避妊することができる。セックスする前ならいつ装着してもOK	婦人科クリニックで子宮口のサイズを計ったり、装着方法の指導を受けなければならない	1個 ¥7000前後。指導料も別途必要
	薬剤の効果で精子を殺してしまう。簡単に手に入れられる	薬剤を入れるタイミングがむずかしい。アレルギー体質の女性は注意が必要	¥600～¥2000程度
	避妊率は高く、効果はほぼ100%。女性が自分の意志で避妊できる	1日でも飲み忘れると効果がない。性感染症を防ぐ作用はない	毎月のクスリ代は約¥3000。別途初診料が必要
	一度装着してしまえば2、3年はそのままで大丈夫	器具がズレたり副作用が出ていないか、定期的にチェックする必要がある	処置料として ¥15000～¥30000

で、もっともポピュラーなのがコンドーム。正しく使えばほぼ確実に避妊することができます。妊娠だけではなく、性感染症を防ぐ役割も。値段も安いし、薬局やコンビニで手軽に手に入れることができます。
膣外射精は、避妊法とはいえません。AVのように「射精寸前にペニスを抜いておなかに出す」なんてもってのほか。少しでもタイミングが遅れたら失敗してしまうし、射精前にも精子はにじみ出ているからです。
下の表ではいくつかの避妊法を紹介していますが、避妊率の高いピルと性器の接触を防ぐコンドームを併用すればほぼ確実でしょう。

主な避妊具

名称	しくみ
コンドーム	精液だめを軽くひねって空気を抜き、勃起したペニスに装着。精子が膣内に入らないようにする
ペッサリー	膣内に子宮口を覆うように装着して、精子が子宮内に入らないようにする
殺精子剤	ペニス挿入の30分ほど前に、フィルム、錠剤、ゼリー状になった殺精子剤を膣内に挿入する
ピル（経口避妊薬）	女性ホルモンの入ったクスリで疑似妊娠状態を作り、排卵を抑える
IUD（避妊リング）	子宮内に装着して受精を防ぐ器具で、婦人科クリニックで自分に合ったものを装着してもらう

コンドームの知識

手軽で性感染症も防げる！

避妊方法の中でも、手軽で簡単、エッチ経験があれば誰だって使ったことがあるコンドーム。妊娠と性感染症の予防に最適です

正しく脱着すれば、コンドームに勝るものなし

いくつかある避妊具の中で、最も使われてるのがコンドーム。薬局やコンビニ、通販などで手軽に購入できるし値段もお手ごろ。避妊率は高くて、正しく使えばほぼ確実に避妊することができます。性器同士が接触しないから、妊娠だけではなく、性感染症の予防にも効果があります。勃起したペニスにかぶせるだけだからとっても簡単。でも、正しく脱着しないと妊娠してしまうケースがあるから気をつけて。

開封したときにツメで傷つけてしまったらそこから精子がモレてしまうし、精液だめに空気が入ったままだと途中で破けてしまうことも。射精後、すぐにペニスを抜かないと精液がこぼれてしまうこともあります。また、つけたあとで手でしごいたりフェラチオを繰り返すと小さな傷をつける原因になるので気をつけて。

途中まではコンドームを使わないで、射精直前につける人がいます。でもこれは間違い。「途中から」では避妊とはいえません。カウパー腺液という分泌液の中にも精子は含まれているので、射精していなくても妊娠する可能性はあります。コンドームは挿入時には最初からつけましょう。

コンドームの正しいつけ方

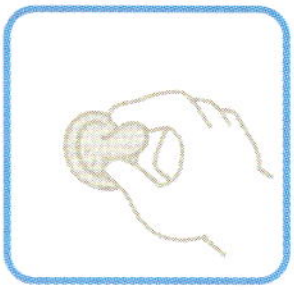

❶精液だめを軽くひねり、空気をしっかり抜く

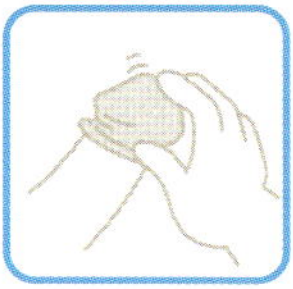

❷勃起したペニスにかぶせる。裏表を間違えないように

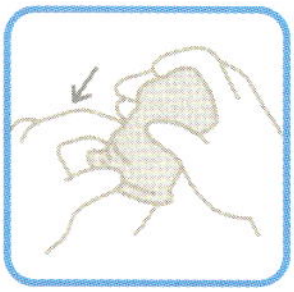

❸先端を軽く押さえて、根もとに向かって転がしながらかぶせていく

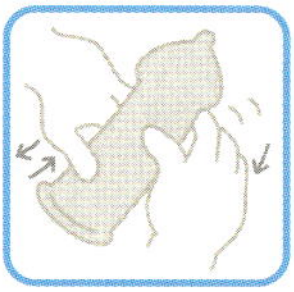

❹根もとまでしっかりかぶせる。ペニスの包皮がたるまないようにする

ピルの知識

女のコが自分の意志で！

ピルなら、女のコが自分で避妊できます。人工的に妊娠に近い状態にするクスリです。飲み忘れなければ、妊娠することはありません

ホルモン剤を飲み続けて妊娠に似た状態にする

ピルには、女性が自然に分泌しているホルモン（卵胞ホルモンと黄体ホルモン）が含まれています。ピルを飲むと、ホルモンの働きによってカラダが妊娠中に近い状態になり、排卵が抑えられるのです。飲み忘れることなく服用すれば、妊娠率は0.1％ともいわれています。

ピルには、生理が始まった日から21日間飲み続けて7日間休むタイプと、その7日間は偽薬を服用するタイプがあります。薬局では市販されていないので、医療機関の指導のもとに処方してもらいましょう。

ピルでの避妊の失敗は、ほとんどが飲み忘れ。1日でも飲み忘れると効果がなくなってしまいます。また、体調不良で嘔吐や下痢が続くようなときは、ホルモン剤の吸収率が悪くなり、避妊効果が弱くなってしまうことがあります。そんなときにはコンドームと併用するとよいでしょう。

人工的に妊娠に近い状態を作るため、女のコによってはつわりに似た吐き気、頭痛、おっぱいの張り、軽い体重増加などの副作用も見られます。長期間の服用によりホルモンのバランスが崩れてしまうこともあるので、休養期間をおくことも多いようです。

ピルにはすぐれた避妊効果があるし、性感を損ねることもありません。でも、性器同士は接触するので性感染症を防ぐことはできません。ピルを飲んでいても、コンドームをつけた方が安全、確実です。

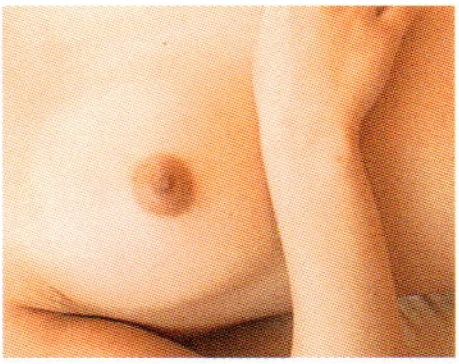

もしかして妊娠！と思ったら…

生理が来ない、そんなときどうする？

生理が2週間以上遅れていたら、妊娠しているかも。そんなときは、すばやい対処を。婦人科クリニックで診断してもらいましょう

生理が2週間遅れたら妊娠を疑ってみる

ちゃんと避妊をしたはずだけど、もしも生理が来ないのなら、妊娠を疑いましょう。「デキちゃった、どうしよう……」とうろたえていないで、すぐに対策を考えます。

生理周期がズレているだけかもしれませんが、妊娠中でも生理同様の出血があるので、出血する量が少なく、期間が2、3日と短いときは妊娠中にありがちな「月経様出血」の可能性もあります。基礎体温をつけている人は、高温期が21日以上続いていたら妊娠していると思ってください。予定日を2週間過ぎても生理が来ない、乳首が黒ずんできた、おっぱいが大きく見える、便秘がちになる、おりものが白っぽくなる、すぐに眠くなる、肌にシミやソバカスが多くなるといった症状は妊娠のしるしです。

病院に行くのが不安になる気持ちもわかります。でも、グズグズしていたらダメ。できるだけ早く、専門医の診断を受けるべきです。妊娠22週目以降になると中絶はできません。生理が2週間遅れて妊娠に気がついたとしたら、すでに妊娠6週目に入っている計算になります。

妊娠検査役でCHECK！

妊娠の初期症状があらわれたら、病院に行くのが最善策。でも、どうしても病院に行くのがコワイなら、とりあえず市販の妊娠検査薬で確認してみよう。使い方は簡単で、検査用のスティックに尿をかけるだけ。数分後には結果がわかる。ただし、妊娠していてもあまりに早い段階では確認できないため、結果が陰性でも油断は禁物。生理の始まる予定日から1週間程度たってから検査するとよい。

やむなく中絶するときは早めに対処することが大切

妊娠していることが明らかになったら、出産か中絶かの選択をしなければなりません。残念ながら中絶することになった場合は、なるべく早く処置することが大切です。

妊娠の初期段階（妊娠11週目まで）は、子宮口を広げ、器具を使って胎児をかき出すか、吸引機で吸い出す方法のどちらかが行われます。手術時間は30分前後で、費用は10～15万円くらいです。

中期段階（妊娠12週目～21週目）に入ると、クスリを使って人工的に陣痛を起こし、未熟な胎児を早産させる方法がとられます。このころになると胎児は赤ちゃんのカタチをしていて、手術の時間も長く、肉体的にも精神的にも大きな苦痛をともないます。初期段階では、希望がなければ廃棄物として処理されますが、中期段階になると死亡届が必要で、胎児は火葬しなければなりません。費用は入院費を含めると、20～30万円は覚悟しましょう。

中絶手術は、女のコのカラダとココロに大きなダメージを残します。不妊症や生理不順といった後遺症に悩まされることだってめずらしくありません。繰り返し中絶手術をすることがないように、その後の避妊は確実に。

緊急避妊とは

レイプ被害などの緊急のケースで病院に行くと、膣内洗浄やアフターピルを処方してくれる。アフターピルは、ピルに含まれているホルモン剤の効用により、子宮内膜の状態を変え、精子を着床しないようにするクスリ。病院で診察を受け、性交後72時間以内に2錠、さらに12時間後に2錠飲む。通常の2倍相当の量を飲むため、カラダへの負担は大きい。

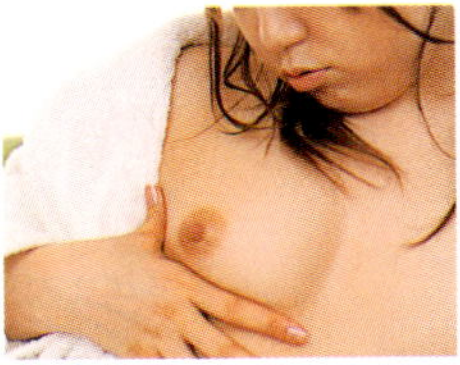

性感染症(STD)の知識

2

エッチをしてしばらくたったある日、性器にかゆみや痛みなどの症状が出てきたら……。性感染症にかかっているかもしれません

性感染症にかからないように セーフティセックスを!

昔は「性病」と呼ぶことが多く、淋病、梅毒、軟性下疳（げかん）、そ径リンパ肉腫の4つが4大性病といわれていました。しかし最近では、もう少し広い意味で解釈されるようになっていて、エッチをしたり、エッチに類似する行為、たとえばアナルセックスやオーラルセックスによって起こる病気を一般に「性感染症」（STD）と呼んでいます。

おもな性感染症は、HIV（エイズ）、梅毒、淋病、クラミジア、性器ヘルペス、尖圭コンジローム、毛ジラミ、膣トリコモナス症、カンジダ症など。性器がかゆい、おしっこすると痛む、イボイボができたなどの症状があらわれたら、すぐに病院で看てもらいましょう。また、外から見ても症状がわからない病気もあるので、自分が性感染症にかかっているという自覚がないまま、次々と感染を広げてしまうケースがあります。

放っておくと、赤ちゃんが産めないカラダになったり、赤ちゃんにウイルスが感染してしまったり……。コンドームの装着や、知らない相手とはエッチをしないようにして、細菌をシャットアウトしましょう。

フツーにエッチをしていても、いつ、だれからうつされるかわからないのが性感染症。だから「自分だけはかからない……」なんて安易に考えないで!

性感染症とは？

無防備なエッチが感染症を招く！

性感染症にはいろいろな種類があって、初期症状も自覚症状もさまざま。放っておくと、不妊の原因にもなりかねません

「性感染症」とはエッチでうつる病気のこと

HIV（エイズ）、梅毒、クラミジア、淋病、トリコモナス、尖圭コンジローム、B型肝炎、性器ヘルペス、キス病、陰部かいせん、毛ジラミ、軟性下疳、そ径リンパ肉腫など、エッチをしたり、オーラルセックスやアナルセックスが原因でうつる病気が「性感染症」と呼ばれています。

現在、性感染症の流行期ともいわれていて、多数の病気が存在しているのです。

最近の傾向としては、軟化下疳やそ径リンパ肉腫など「絶滅した」ともいわれる病気がある一方で、HIVのように、発病後、最悪の場合死にいたる病気が問題になっています。また、眼やノドなど、意外な部位に発症するケースが増えてきているのが特徴です。潜伏期間が長かったり、ほとんど症状がでないような病気もあるため「知らないうちに病原菌をまき散らしている」なんてことにもなりかねません。

エッチをした人数が少なければ感染症にかかる確率が低いと思いがちですが、そうとは言えません。エッチの相手がカレひとりだとしても、カレがもしどこかで感染していればかかってしまうからです。

コンドームを使わないでエッチをすると、感染の確率は女のコの方が高く、これは、ペニスに比べて膣粘膜の面積が広いこと、また精液が精子の運動により子宮に入ってしまうから、といわれています。

性感染症は、とてもコワイ病気。でも感染ルートは限られています。だから、お互いが絶対に安全だとわかるまでは、コンドームをつけるなどして、しっかり身を守るようにしましょう。

クラミジアが女のコの間で急増中！

クラミジアの初期症状では、尿道炎やおりものの量が増えたりする。放置しておくと卵管を詰まらせたり、生まれてくる赤ちゃんの眼や肺に病気をもたらせるケースもある。また、不妊の原因になることも。大切なパートナーにうつしてしまう前に、不安材料があるならすぐに診察してもらおう。感染は、コンドームの使用で防ぐことができる。

	症状	治療法
	男性は尿道口がはれてウミが出て、排尿時に痛みをともなう。女性の場合は感染後2〜7日でウミのような黄色いおりものが出る。発熱や下腹部痛も。不妊の原因になる場合も	病院で処方された抗生物質を服用する。女性の場合は抗生物質の錠剤を膣内に挿入することも
	感染後、1〜3週間で尿道のかゆみや痛みを感じ、女性の場合はおりものが増えてくる。卵官を詰まらせるなど、不妊の原因になることがある	抗生物質を3週間程度服用する
	男女とも発病後2週間くらいで米粒大の水疱が性器にあらわれる。高熱が出たり、歩けなくなるほどの激痛を引き起こすこともある	抗生物質を服用する。水疱がひどいときには軟膏を塗ってもらう
	男女とも性器にとがった小さいイボがたくさんできる。大きく膨らんだイボから出血することも。悪臭を放つことがあるが、かゆみや痛みなどの自覚症状はない	薬物療法が主流だが、ひどいときにはレーザーや電気メスで切除する
	ペニスや外陰部、口、乳首、指先などにしこりができる。菌が全身に広がると病状が悪化。失明や心臓弁膜症などを引き起こし、やがては脳まで冒してしまう	抗生物質の投与など、根気のいる治療が必要
	性器にかゆみを感じ、男性は尿道から黄色いウミ、女性は膣から黄色いおりものが出てくる	抗トリコモナス剤を服用または塗布する
	外陰部が真っ赤になったり、かゆみをともなうおりものが出る	殺菌効果の薬剤を膣に入れたり軟膏を塗布する
	男女ともブツブツや斑点ができたりする。強烈なかゆみを感じる。リンパ腺がはれることがある	軟膏や薬で虫がいなくなるまで治療する。陰毛を剃ってしまう場合もある
	性器に数ミリの赤い斑点ができる。やがて痛みをともない、軟らかいしこりになる	抗生物質を服用する
	体内の免疫機能が破壊され、カリニ肺炎やカポジ肉腫など、さまざまな病気にかかってしまう	根本的な治療法は確立されていない。ワクチンや治療薬の開発が急がれている

おもな性感染症

病名	どんな病気
淋病	淋菌が尿道から入りこむことで起こる病気。フェラチオすることでノドに感染することも
クラミジア	クラミジアトラコマティスという病原体によって感染する
性器ヘルペス	約8割の人が保菌しているといわれている。免疫力が低下して発病。一度発病するとウイルスは体内に残り続ける
尖圭コンジローム	ヒト乳頭菌ウイルスにより感染。子宮ガンや陰茎ガンの発病ウイルスともいわれている
梅毒	トレポネーマ、パラディウムという細菌によって起こる
トリコモナス	トリコモナス原虫という小さな虫が寄生する病気
カンジダ症	カンジダというカビの一種が増殖して炎症を起こす。カンジダは膣の中には常に存在している
毛ジラミ	毛ジラミ虫という寄生虫により感染する
軟性下疳	軟性下疳菌によって感染する。最近はめったに見ない
HIV（エイズ）	エイズウイルスを含む血液、体液を介して感染する。1～15年ほどの潜伏期間を経て発病。発病すれば死に至る可能性が高い

性感染症の予防

自分のカラダを守るために!

予防策さえしっかり心得ておけば、性感染症だってコワくない。自分の、そして相手のカラダをウイルスから守る最善策って？

病気を予防しながら楽しくエッチするために

エッチをするときは、避妊だけではなく、性感染症から身を守ることがとっても大切。自分のカラダを守るためには、ウイルスに負けない防衛策が必要です。

まず、コンドーム。性感染症のウイルスは、男女とも性器に繁殖していることが多いので、性器同士が接触しなければかなりの確率で予防することができます。厚生労働省・HIV研究班が発表したデータによれば、日本ではエッチの相手が多くなるほどコンドームの使用率が低くなり、性感染症にさらされる危険が高くなるのだとか。エッチのときには必ず、確実にコンドームをつける。これが性感染症予防の第一歩なのです。

それからパートナーのこと。感染症を予防するには、見境なくエッチをしないことが一番です。よく知らない相手との安易なエッチはNG。パートナーはひとりにする方が賢明です。もしカレが自覚症状を口にしたら、女のコのカラダだってウイルスに感染しているかもしれません。すぐに検査をして、感染の有無を確認するように。お互いが陰性だとわかったら、その相手とだけエッチを楽しむようにすれば、ウイルスの入り込む余地はないはずです。

コンドームをつけること、それから知らない相手とエッチをしないこと。この2つを心にしっかり留めて、素敵なエッチを楽しんでください。

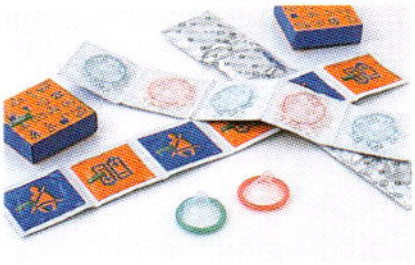

こんな症状は要注意!

- □ 性器にブツブツやしこりができる。眼や口にできることも
- □ 尿道から色のついた分泌液やウミが出る
- □ おしっこの回数が増える。排尿時に鋭い痛みをともなう
- □ おりものの量が増える。おりものの色が濃くなる
- □ 下腹部や性器に痛みやかゆみがある
- □ 太股のつけ根、脇の下などのリンパ腺がはれる
- □ 微熱、高熱、悪寒、全身倦怠感が続く

エイズについて

決して他人事ではない…みんなで気をつけよう!

世界中で猛威をふるう「エイズ」。発病後の致死率は高く、特効薬もありません。感染を予防するしか手だてがないのが現状です

若い世代で感染拡大中 不用意なエッチが原因?

エイズにかかってしまったら、根治することはできません。発病したら致死率が高く、とても危険な病気なのです。だからエイズのこと、きちんと理解しておきましょう。

エイズを日本語に訳すと「後天性免疫不全症候群」。もともと人間のカラダにはないHIVウイルス(ヒト免疫不全ウイルス)が侵入することで、カラダの免疫力が低下し、さまざまな症状を併発してしまう病気です。HIVウイルスは感染直後に症状が出ることはなく、5~15年ほど潜伏期が続きます。この潜伏期間にある人をHIV感染者、キャリア、ポジティブ(陽性者)などと呼びます。潜伏期を終え、カリニ肺炎やカポジ肉腫などの症状を発病した状態がエイズです。

エイズを引き起こすHIVウイルスの感染ルートは、同性、異性間による性的行為、血液感染、母子感染など。若い世代に限れば、性的行為による感染がほとんど唯一の感染ルートといえるでしょう。

女のコの方が感染しやすいってホントなの?

HIVウイルスは感染者の血液、精液、膣分泌液などに存在し、これらが傷口や皮膚粘膜、性器から体内に入ると感染します。たとえばエッチのとき。ピストン運動をしていると目には見えない小さな傷がついて、この傷口からウイルスが侵入することもあるのです。

感染率は、コンドームをつけないでエッチをした場合、女性が100分の1の確率で感染するのに対し、男性は100分の1といわれています。どうして男性の方が感染しにくいのかといえば、エッチのあと、ペニスについた膣分泌液は乾いたり拭き取られるため尿道に入りにくいから。たとえ入ったとしても、おしっこのときに流されやすいのです。女性は膣粘膜の面積が広く、また、精液が精子の運動にともなって子宮に入っていこうとするので、どうしても感染率が高くなってしまいます。

感染の可能性を感じたら血液検査を申し込む

HIVウイルスは潜伏期間が長いのですぐに自覚症状は出ませんが、「感染したかもしれない」と感じたら血液検査で調べることができます。感染から6〜8週間経過しないとHIVウイルスの抗体を見つけることができないため、検査を申し込むなら、心当たりのある日から3カ月後に。全国の保健所では、匿名、無料で検査を受けることができます。一般の医療機関での検査は有料です。女性は、HIV感染後に妊娠すると胎児に感染する場合があり、そのまま気がつかないで出産すると赤ちゃんの感染率は約30%といわれています。元気な赤ちゃんを産むためにも、HIV感染の有無を確かめておきましょう。

検査の結果、不運にも陽性と診断されたら、エッチの相手も感染しているかもしれません。すぐに事実を伝えます。

感染していても、早期から正しい対処療法と健康管理を心がければ、通常5年〜15年といわれる潜伏期を伸ばし、発病を遅らせ、一生健康体で暮らすことも不可能ではありません。発症すれば致死率は高く、いまのところエイズを完治させるクスリも、治療法も確立していません。コンドームを使うこと、不特定多数の相手とエッチをしないことを心がけて、自衛することが何よりも大切なのです。

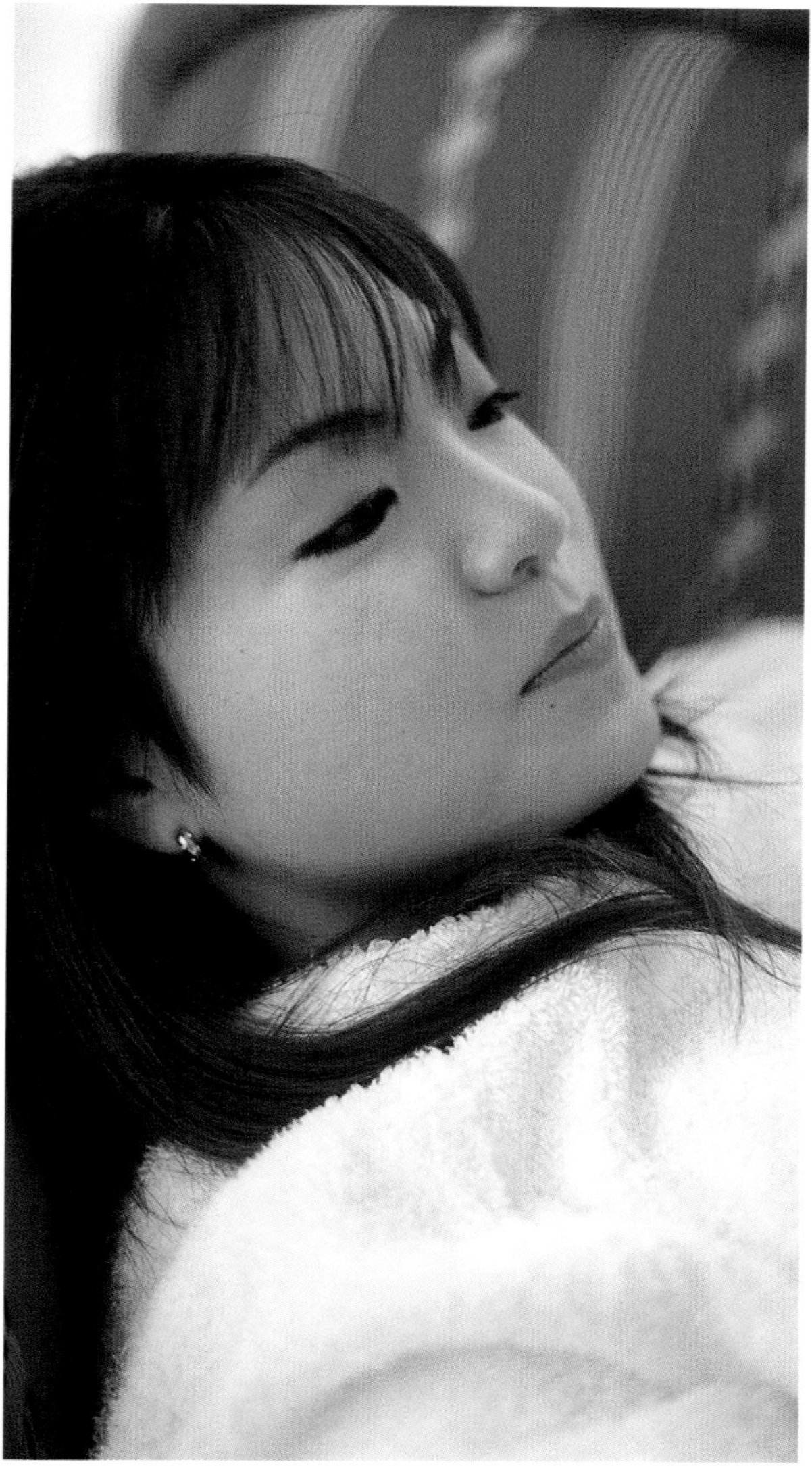

STAFF

編集・構成	池田 一郎（PAMPERO）
デザイン	滝沢 葉子
執筆協力	西沢 直、藤吉 豊
イラスト	大和田 操
撮影	岡田 圭司
スタイリング・ヘアメイク	野澤典子（POPPER GRAPHICS） 米倉洋子（同上）
モデル	水来 亜矢、神島 美緒

LOVECATION ―― 本書は、カップルたちが、正しい性知識を身につけるとともに、よりハッピーで素敵なセックスライフを送ることを願って編集されたものです。

ふたりのLOVEコミュニケーション
なかよしHランド

編　者／PAMPERO
発行者／池田　豊
印刷所／大日本印刷株式会社
製本所／大日本印刷株式会社
発行所／株式会社池田書店
東京都新宿区弁天町43番地（〒162-0851）
☎ 03-3267-6821（代）
振替 00120-9-60072

Printed in Japan

ISBN4-262-12266-2

0300006